作 者 名 单

主　编：郝淑霞
编　者：佟　彤　纪　微　李忠强
　　　　付玉娟　兰艳敏

部编教材实用课堂教学指导用书

CHUZHONG DAODE YU FAZHI

KEYI ZHEYANG JIAO

初中道德与法治
可以这样教

主　编　郝淑霞

NORTHEAST NORMAL UNIVERSITY PRESS

东北师范大学出版社
WWW.NENUP.COM

图书在版编目（CIP）数据

初中道德与法治可以这样教/郝淑霞主编. —长春：
东北师范大学出版社，2019.8
ISBN 978 - 7 - 5681 - 6162 - 6

Ⅰ.①初…　Ⅱ.①郝…　Ⅲ.①政治课—教学研究—
初中　Ⅳ.①G633.202

中国版本图书馆 CIP 数据核字（2019）第 174580 号

□责任编辑：何　云　□封面设计：林　雪
□责任校对：马启娜　□责任印制：吴志刚

东北师范大学出版社出版发行
长春净月经济开发区金宝街 118 号（邮政编码：130117）
电话：0431—84568086
传真：0431—84568082
网址：http：//www.nenup.com
东北师范大学音像出版社制版
长春方圆印业有限公司印装
长春市绿园区迎宾路 2066 号（邮政编码：130062）
2019 年 8 月第 1 版　2019 年 8 月第 1 次印刷
幅面尺寸：169mm×239mm　印张：11　字数：120 千

定价：42.00 元

序

　　七月，正值中国大地最炎热的季节，我有机会参加思想政治理论课程教材（大、中、小）一体化建设的调研工作。在与一线中小学思政课教师的座谈中，许多老师表示很少关注其他学段的思政课，迫切希望建立一个机制，促进大、中、小思政课教师坐在一起，共同研究思政课的有效衔接，建立贯通的思政课体系，理直气壮开好思政课、讲好思政课，用习近平新时代中国特色社会主义思想铸魂育人。

　　思政课是落实立德树人根本任务的主阵地。东北师大附中建校69年来，始终坚持国家需要就是附中的办学选择，借助大学主管，幼、小、初、高全学段办学的学校优势，小、初、高思政课教师经常性地开展联合教研，为小、初、高思政课教学有效衔接打下良好基础。在《思想政治课程标准》的导引下，附中老师和省内外专家们紧紧抓住"小初高一体化"这一着力点，结合多年的教学实践与研究，认真撰写了《小学道德与法治可以这样教》《初中道德与法治可以这样教》《高中思想政治可以这样教》三本教师教学用书。付梓之际，作为东北师大附中校长，欣然挥毫，写几句话与教育界同仁共勉。

　　思想政治教育工作是一项长期、系统的教育工程，是"有意识、有目的、有计划地教育人、培养人和提升人、促进人的实践活动"，贯穿于学生的成长过程。完整性和连续性，是思想政治教育的重要特征，也是构建小、初、高有效衔接思政体系须遵循的教育规律。从小学到高中，是学生从儿童到青少年的重要成长时期，是人生的"拔节孕穗期"，在这一时期，学生的生理、心理特点与思想状态都发生着巨大变化，所以思想政治教育也具有层次性和序列性。

丛书分别从课程目标、课程内容、课程实施等板块切入，重视课程体系、教材体系向教学体系的转换，建构螺旋上升的知识体系，更好地实现小、初、高思政课程一体化建设。这是老师们学习、领会和践行习近平总书记在思想政治理论课教师座谈会议上的重要讲话精神，破解小、初、高一体化思政课教学中遇到的问题，探寻小、初、高思政课教学有效衔接新路径的重要成果。丛书创新话语体系，立足课堂实践，及时把党的创新理论，特别是将习近平新时代中国特色社会主义思想融入小、初、高整个课程，让这些理论生动地进教材、进课堂、进学生头脑，帮助学生树立正确的世界观、价值观、人生观，深刻回答了培养什么人、怎样培养人、为谁培养人这一根本问题。

习近平总书记指出："办好思想政治理论课关键在教师，关键在发挥教师的积极性、主动性、创造性。"本丛书创造性地设置板块、专题阐述小、初、高思政课教师队伍一体化建设，引导小学、初中、高中教师关注学生成长特点，倡导小、初、高思政课教师加强沟通，熟悉全学段教学，做到"真信、真懂、真用"，上以理服人的课，育灵魂高尚的人。

我国的思想政治教育伴随着新中国的建立和发展已经走过七十年的时间，使用的教材、教学内容、教学手段随着社会需求不断发生着变化，但是从整体性的角度出发研究小、初、高思政课的有效衔接却是一个薄弱环节。此套丛书的出版，恰逢其时，弥补了我国思政课教学研究领域的一些空白或不足。

　　中小学思政课肩负着"给学生的心灵埋下真善美的种子，引导学生扣好人生第一粒扣子"的重大使命。我们生活在中华民族发展的最好时期，既面临着难得的建功立业的人生际遇，也面临着百年未有之大变局的严峻挑战。培养能够担当民族复兴大任的时代新人，是新时代赋予我们教育工作者的使命。如何让学生喜欢思政课？丛书为我们开了良方：让思政课走进生活，贴近生活，成为入脑入心的"兴趣课"，让"有意义"的中小学思政课更加"有意思"。只有打动学生，才能影响学生，这是思政课本该具有的亲和力和生命力。

　　向理直气壮讲好思政课的老师们致敬！

东北师大附中　邵志豪

2019 年 8 月 11 日于长春

目　　录

第一章

道德与法治课是一门有意义、有意思的课

初中学段的思想政治课是一门与时俱进的课程，在不同时期有不同的名称，国家历来十分重视。2016 年教育部在原有思想品德课的基础上，将义务教育小学、初中学段的思想政治课统一更改为《道德与法治》。新版教材充分体现了国家意识，引领教学从知识学习到生活建构，这一转变的实质是从知识道德向生活道德的转变；教学的根本目的是引导学生去选择和建构有道德的生活及生活方式，引导学生在多种可能的生活中选择"好"的生活，即一种有价值、有意义的生活，并通过这样的生活涵养其德行。

2019 年 3 月 18 日，习近平总书记主持召开学校思想政治理论课教师座谈会并发表重要讲话，习总书记强调："思政课是一门创新性、讲道理、有情怀的课程，思政课教师要给学生心灵埋下真善美的种子，引导学生扣好人生第一粒扣子，责任重大、使命光荣。"这为上好中小学思政课指明了方向，提供了重要依据。同时，我们要从治国理政的高度来认识道德与法治课的重要性，把"有意义"的课上得"有意思"。

"有意义"是《思想品德课程标准》明确规定的。初中生正处于身心迅速发展和学习参与社会公共生活的重要阶段，处于思想品德和价值观念形成的关键时期，迫切需要在思想品德的发展上得到有效帮助和正确指导。思想品德学科就是有针对性、实效性和主动性的，适应社会发展和学生需要的思想品德教育。我们要传递给学生真善美的品质，还要培养公民意识与创新精神、责任、使命和理想等。

"有意思"是由受教育者的成长规律决定的。好奇、好玩、有情、有趣是初中生的天性，顺其自然，就要营造妙趣横生、其乐融融的课堂。让学生动起来，使其在情绪的渲染、情感的激发过程中加深对理论的认知和理解；让课堂活起来，使学生在新鲜多样的教学手段下，真正爱上道德与法治课；让每一堂课都不断提升道德与法治课的吸引力、引领力和魅力，将道德与法治课上得深刻愉悦，让"有意义"的事情变得更"有意思"。

第一节　铸魂育人，立德树人

我国早在《礼记·学记》中就强调"建国君民，教学为先"。意思是说，建立一个国家，领导一国的老百姓，教育是最重要的，什么是"教"？在《礼记·学记》中说，"教也者，长善而救其失者也。"教育的目的是使人们善良的方面不断地增长，而过失得以挽救。长善就是立德，救失就是树人，所以"长善救失"和立德树人的根本任务是一致的。我们要培养什么样的人才？"德才兼备，以德为先"。道德与法治课程的任务是引领学生感悟人生的意义，逐步形成正确的世界观、人生观、价值观和基本的善恶、是非观念，学做负责任的公民，过积极健康的生活。于是，道德与法治课以其独特的学科优势，成为立德树人的关键课程。

一、扣好人生第一粒扣子

"千里之行，始于足下"，要走好人生至关重要的第一步。这就像穿衣服扣扣子一样，如果第一粒扣子扣错了，剩余的扣子都会扣错。青少年正处在"人生紧要处"，"人生的扣子从一开始就要扣好"，习近平总书记朴素又生动的比喻，蕴含着丰富的人生哲理，深刻揭示了人生观、价值观教育要抓早、抓实的重要性。

1. 以文化人，传承文明守"根脉"

教育部于 2014 年颁发了《完善中华优秀传统文化教育指导纲要》（以下简称《纲要》），《纲要》要求"把中华优秀传统文化教育系统融入课程和教材体系"，"充分发挥中小学德育课思想政治教育与中华优秀传统文化教育的紧密结合……深入挖掘中华优秀传统文化中蕴含的丰富思想政治教育资源"。中华优秀传统文化是中华民族语言习惯、文化传统、思想观念、情感认同的集中体现，凝聚着中华民族普遍认同和广泛接受的道德规范、思想品格和价值取向，具有极为丰富的思想内涵。[1]

悠久的华夏历史文明，有个重要的支撑元素，就是"家"。统编初中《道德与法治》七年级上册第七课，就有讲述"家"这个概念的环节。教师开篇用最具视觉震撼效果的春运图片来唤起学生对"家"的感性认识。每年春运 40 天时间，全国旅客发送量达到 29.9 亿人次，堪称世界上最大规模的集体迁徙。接下来，发起征集广告语的活动，用自己的语言阐述对"家"的最朴素的认知，最后出炉的广告语是"家是放'心'的地方"。进而引申，把"心"放在班级，班级就是我们的家；把"心"放到城市，城市就是我们的家；把"心"放到国家，国家就是我们的家，由此引出中国人的家文化。中国人认为"人必有家，家必有训"，家训在过去被视为立家之根本。就这样，穿越千年的家规、家训便成了中国家文化中的一朵奇葩。从家庭到家族、到国家、到家国天下，最终演化成"修身、齐家、治国、平天下"的家国情怀，并深深地融入我们民族的血液里……

在统编教材九年级上册《守望精神家园》一课，文化的基本内容更是直指德育核心价值取向。孟子"穷则独善其身，达则兼济天下"、屈原"长太息以掩涕兮，哀民生之多艰"、范仲淹"先天下之忧而忧，后天下之乐而乐"，这些正是中华民族使命担当、家国情怀的真实写照。道德与法治课程作为德育教育的主阵地，更应凸显中华优秀传统文化积淀的中华民族最深层的精神追求，它是社会主义核心价值观的深厚源泉。

2. 以德育心，核心价值铸"三观"

由于年龄和阅历等因素，当前初中生对社会主义核心价值观的认识比较模糊和肤浅，在道德与法治课中渗透和培育社会主义核心价值观是立德树人的根本要求，也是树立学生正确世界观、价值观、人生观的核心内容。中学生作为祖国的未来和民族的希望，既是社会主义核心价值体系的建设者和参与者，也是社会主义核心价值体系的遵循者和实践者。[2]青少年正处在价值观形成和确立的阶段，是可塑性最强的时期，有怎样的价值观念，就会有怎样的行动。道德与法治课教师要坚持从初中学生特点出发，渗透富强、民主、文明、和谐，自由、平等、公正、法治，爱国、敬业、诚信、友善的社会主义核心价值观，让中国青少年在核心价值观的沐浴下健康成长。

统编教材道德与法治七年级上册第四单元大胆引入"生命的思考"话题。在道德与法治的课堂上，教师的设计理念应是环环相扣、层层深入。第一层，引领学生从探问生命起始入题：生命是大自然的奇迹！我的生命来之不易。生命可以永恒吗？第二层，再问：生命可以接续吗？捐献的器官在别人的身体里重生；孔子的儒家思想穿越 2 500 年的长河而历久弥新……生命接续还有哪些形式呢？第三层，追问：生命的意义何在？"人固有一死，或重于泰山，或轻于鸿毛。"生命的意义在于创造和贡献，伟人用品德、才智、劳动等创造非凡的生命价值，普通人用认真、勤劳、善良、坚持、责任、勇敢等在平凡的工作和生活中书写不平凡的生命价值。认真完成学业就是爱国，做好本职工作就是敬业，在人与人彼此的关切中传递温暖就是友善。在实现人生意义的过程中，让生命之花充盈、绽放。

教师要敢于创新，科学巧妙地找到社会主义核心价值观与学生认知水平、生活实践的结合点和切入点，从情感体验和道德实践入手，构建新的教学模式，拓展课堂教学，让社会主义核心价值观成为学生的行为指南。

3. 以法正气，遵规守纪辨是非

《中共中央关于全面推进依法治国若干重大问题的决定》提出：

"把法治教育纳入国民教育体系，从青少年抓起，在中小学设立法治知识课程。"就是要在青少年时代对每一位社会成员开展系统的法治教育，发挥学校教育持续性、渐进性、专业性的优势，引导青少年树立规则意识、契约精神，尊崇公序良俗，遵守法律法规，从而实现法治的育人功能。我国中学生的法律知识水平整体不高，法律意识薄弱，易产生错误的观念，指导错误的行为。面对中学生生活环境的复杂性，社会生活的多样性，价值取向的多元性，让法治精神滋养青少年成长，使他们做出正确判断、正确选择，增强辨别是非的能力。

　　讲授统编教材八年级下册第三课"依法行使权利"一课，教师开篇播报新闻事件"罗某强拦高铁，只为老公赶上火车，最后被罚款2 000元。"讨论一：罗某买了车票，有没有拦车等老公的权利？讨论二：拦截行为可能会对谁造成哪些损失？讨论三：2 000元罚款，意味着罗某的行为是什么性质的行为？讨论四：罗某拦车事件对你有何启示？通过递进式讨论，学生可以清楚地知道国家提倡什么、保护什么、禁止什么，从而做到依法律己，养成遵纪守法的良好习惯。做到"心中有尺，行动有则"。如果漠视规则，代价深重。同时，也懂得尊重别人，在行使自己合法权利时不得损害国家的、社会的、集体的利益和其他公民的合法的自由和权利，教育学生从小就承担起对他人、社会和国家的义务和责任。

　　根据课程改革的理念和要求，新教材在结构上不断研究和调整，较好实现了教材的纵向衔接、横向贯通、螺旋上升的特点。统编教材《道德与法治》七年级下册第四单元，是整套教材法律部分的起始单元，第九课作为统领整个法律部分的起始课，旨在帮助学生认识生活与法律息息相关，此谓"知法"。八年级下册为法治教育专册，集中讲授宪法，共涉及 50 部法律法规，6 部条例和司法解释，诠释了法律伴我成长的主题，此谓"学法"。中学生自己也要增强法律自我保护意识，努力运用法律武器保护自己的合法权益。当自己的合法权益受到非法侵害时，既不能忍气吞声、息事宁人，也不能采用非法手段去报复。要勇于挺身而出，寻求法律的保护，此谓"守法用法"。还要同违反法律和破坏社会主义法治的行为做斗争，此谓"护法"。要使学生受到比较系统的法治教育，以课堂教学为主要渠道，形成课内课外、校内校外、网上网下紧密结合的学校法治教育网络和体系。

二、埋下真善美的种子

　　春播一粒种，夏秋芳满园。在青少年一代心中埋下真善美的种子，他们方能长成厚德仁爱之人。崇高的真善美既是社会主义核心价值观的追求目标，也是道德与法治课要坚持和追求的核心价值，努力"求真、崇善和尚美"，方能入耳、入脑、入心。中华民族是自强不息、厚德载物的民族，每个人的心底蕴含着善良的道德意愿、道德情感，这是我们培育社会主义核心价值观最深厚的土壤。我们的课堂中蕴含着很多美，如理想美、道德美、人性美等，在道德与法治课中要指导学生去辨别什么是真善美，什么是假恶丑，自觉做到长修善德、长怀善念、长做善举，并内化为自己的道德品质，用以指导自己的行为，这是新课程改革中坚持"以人为本"思想的一个重要方面。

1. 真诚待人，踏实做事，忠诚爱国铸丹心

真是善和美的基础。真，即不假、真诚、真实、实事求是。俗话说："做事先做人"，真诚待人、用心做事，是对人、对事、对工作的一种理念。堂堂正正做人不仅是为人的最基本准则，也是人格品德的核心所在，是孕育其他道德品质的基础；诚信也是民法原则。加强诚信教育直接关系我国的经济发展和社会发展。

统编教材八年级上册第四课第三框的主题是"诚实守信"。本框的教学思路是从"言而有信，一诺千金"入手，揭示了为人处事要讲究诚信的道理，如果一个人不兑现自己的承诺，就会产生信任危机。接着，教师列举了将"老赖"纳入征信系统的例子，进一步说明不讲诚信的人可以欺人一时，但不能欺人一世；一旦被识破，无论是做朋友还是干事业，都会因没有诚信而难以在社会上立足。本框的另一部分以"对人守信，对事负责"为中心展开，强调"做老实人，办老实事"是人们崇尚的行为准则，最后明确提出在做人方面没有大事小事之分，在做大事的时候也要拘小节，把做事与做人有机地统一起来。

生命之舟，诚信为舵。青少年时期，是人生中至真至纯至美的时期，诚信更像是高山之水，能够在浮动的社会里，洗尽铅华，涤除虚伪，露出真诚。诚信是人安身立命之本、成才立业之基，爱国、敬业、诚信、友善，这世界才会有美好的未来。

2. 孝亲敬长，感念师恩，美德传承暖人心

古人有句话说："求忠臣于孝子之门。"中国历史上忠臣层出不穷，民族英雄代代都有。无一例外，大英雄必定是大孝子，这个孝是一切德行的根本。要教好道德与法治课，就要遵循规律，那就是孝敬为本。

如讲授统编教材七年级上册第七课《爱在家人间》，介绍"孝老爱亲"这一传统美德的时候，教师可以做这样的拓展："孝"这个字，上面是"老"字的一半，下面是一个"子"字。从纵的方面讲，对父母的尽孝。然后又把孝推而广之，"老吾老以及人之老，幼吾幼以及人之幼"；从横的方面讲，就是兄弟之间的友悌。把这种兄弟的友悌推而广之，"四海之内皆兄弟也"。所以，孝悌做好了，横的方面的伦理关系处理好了，纵的方面的伦理关系也就处理好了。孟子说："亲亲而仁民，仁民而爱物。"把对父母亲的关爱推而广之，爱老师、爱同学、爱班级，进而关爱广大民众，再把对民众的仁爱之心推而广之，推及万事万物。人民都是我的同胞，万物都是我的伙伴。这种伦理关系，把人与自然界的关系也处理好了。

培养学生孝敬父母、尊敬师长、关爱社会、报效祖国的优良品质，是教育培养造就合格人才的基本要求，是广大青少年服务社会、服务祖国必须具备的思想道德素质。作为道德与法治课教师，将这种美德不断地发扬光大，是我们义不容辞的责任。

3. 认识自己，悦纳生命，飞扬青春强信心

进入初中，学生迎来了青春发育期，这个时期的青少年正处于身体和心理的发育阶段。其主要特点是身心发展迅速而又不平衡。学生开始关注自己，在意外表美，面对青春期生理变化，往往变得无所适从。道德与法治课的任务就是引领学生勇敢面对青春期生理心理变化，全面接受真实的自我。在追求形体、仪表等外在美的同时，也要提高品德和文化修养，体现青春的内在美。体会生命成长之美，青春之美，体察情绪变化，体味美好情感。

如统编教材七年级下册第三课之《青春飞扬》，是在前面悦纳自己身心变化的基础上，继续围绕青春的话题展开的。教师在处理这部分内容时，更多的是引领学生一步步理性地思考。比如，开篇就抛出一个充满想象力的话题——提到青春，你更容易把青春与哪些美好事物或者美好词语联系起来？根据自己的理解，你认为青春美在哪里？接下来，是设问——青春的力量在身体里发生，青春的你们有哪些美好的成长渴望？在尊重每一位同学答案的基础上，教师再次质疑——青春飞翔的征途上，会遇到各种阻碍，你需要哪些力量战胜它？最

后，结合"轮椅姑娘李玉川""逆境蝶变少年胡梓斌"的事例，归纳总结：青春的美在自信，在自立，在自强，奋斗的青春是最美的。

道德与法治课堂上，正确引导青少年将青春活力化为成长中的正能量，有助于他们感受青春时光的美好，鼓励他们自尊、自信、自强，用积极的行动释放青春的力量，证明青春的自我，真正助力生命的成长。

三、培育有理想的有用人才

"培养担当民族复兴大任的时代新人"是党的十九大提出的战略要求。综合国力的竞争，其实质是人才的竞争，如何培养青少年成才问题日益凸显出来，备受人们关注。我们不仅要重视对青少年科学文化素质的教育培养，还要加强对青少年理想、信念、信仰、价值观等体现精神文明的现代人文素质的培养。人文和科学是青少年成人成才的两个基本路径，缺一不可。人文培养青少年成人，科学培养青少年成才。习近平总书记指出，理想信念是精神上的"钙"，青年们应该以有理想、有本领、有担当为根本要求，成为中国特色社会主义事业的合格建设者和接班人，"为中华崛起而读书"，国家就有前途，民族就有希望，实现我们的发展目标就有源源不断的强大力量。

1. 少年有梦，融入时代担使命

编织人生梦想，是青少年时期的重要生命主题，梦想是理想的前身。理想是人们对未来社会和自身发展的向往与追求，是人们的世界观、人生观和价值观在奋斗目标上的集中体现。从学生实际情况出发，在课程标准"以学生逐步拓展的生活为基础"的要求下，统编教材道德与法治七年级上册从《少年有梦》入手启迪学生播撒理想的种子，到八年级上册《建设美好祖国》，再到九年级《中国人，中国梦》，一步步引导学生把个人理想同时代需要紧紧联系起来。

　　《少年有梦》是统编教材道德与法治七年级上册第一课第二框的内容。本课重在帮助学生认识少年时期怀揣梦想的重要性，感受梦想的力量，培养积极向上的人生态度。教师宜从三个维度解读梦想：首先，梦想指引人生奋斗目标——借助畅谈"我的梦想"，一起讨论梦想的意义，共同编织梦想，鼓励学生勇于追梦；其次，梦想提供人生前进动力——引导学生探寻梦想与现实之间的关系，激励学生用努力架起梦想与现实之间的桥梁，建立起努力就有改变的生活信念。最后，梦想提高人生的精神境界——理想既是人们的精神支柱，也是社会发展的内在动力。用少年梦撑起多彩中国梦，与国家的前途和命运紧密联系起来。

少年梦是中国梦的重要组成部分，"少年强则国强"辩证地说明了美丽中国的明天与中国青少年的今天密切相关。道德与法治课程关于基本国情、基本路线、"五位一体"总布局等中国特色社会主义现代化建设蓝图的讲述，使当代中国青少年明白了美丽"中国梦"凝聚民族精神，我们正赶上了实现中华民族伟大复兴中国梦的历史机遇，个人的梦想和家国之梦、民族之梦融合在了一起，可谓生逢其时。对人生之路注定与中国梦交织在一起的当代青少年来说，中国梦的广阔舞台，为个人梦想提供了蓬勃生长的空间，我们在实现中国梦的伟大实践中书写别样精彩的人生，这是时代的召唤，更是当代青少年的使命。

2. 博学笃行，服务社会建新功

无论是个人梦还是中国梦，都需要锲而不舍、驰而不息地艰苦努力。实干兴邦，只有努力才能实现梦想。对于青少年来说，正处在学习知识的黄金时期，应该抓紧时间，努力学习科学文化知识，博览古今中外的经典，不断地充实自我、提高自我、储备必要的学识和能力。学习中要敢于质疑，培养求异思维，不迷信书本，不墨守成规。敢于创新，善于创新，把创新热情与科学求实态度结合起来，努力把自己培养成现代化建设需要的创新型人才。同时，积极参加社会实践活动，在奉献社会的过程中涵养个人道德、社会责任和国家意识，实现无悔的精彩人生。

《共圆中国梦》是部编版教材道德与法治九年级上册第八课内容。教材通过探究与分享环节，借助五双手的照片，阐明实干才能梦想成真的观点。小图片大道理，教师可以做足这"五双手"的文章。（1）猜猜手，手的职业我知道。教师展示不同的手的形象与工作场景，由学生来猜职业。（2）握握手，手的故事我了解。让学生说一说观察父母的手以及与父母握手时的感受，说说父母辛苦工作的故事。（3）讲讲手，手的作用我体会。引导学生思考劳动对于个人、家庭、社会的作用，尤其是对于中国梦的作用。（4）动动手，手的创造我尊重。让学生畅谈创造性劳动的意义，引导学生热爱劳动，尊重创造，用实干托起共同的梦。

"青春是用来奋斗的"，只有奋斗的人生才称得上幸福的人生。新时代是奋斗者的时代，"青春须早为，岂能长少年！"青少年最富有朝气、最富有创新精神，要勇于承担时代赋予我们的使命，增强社会责任感。

第二节　良好开端，成功一半

"有意义"是道德与法治课的价值追求所在，"有意思"则是其"有意义"得以落实的前提条件。俗话说，良好的开端是成功的一半，独具匠心、创意无限的第一课，就是打造既"有意义"又"有意思"的有效课堂。上好第一节道德与法治课，先声夺人，先入为主，使学生如沐春风，如饮甘露，自然会真正地喜欢上道德与法治课。

在第一课前，学生们对新开科目在中学的样态没有太多的了解，他们的印象往往来自于以往的经验，比如小学里曾经接触过这门课，但是更多的是留白、是猜想、是好奇。所以，教师一定要牢牢抓住学生在此期间迸发出来的好奇心，激发起他们对这门功课的强烈兴趣。将学生的好奇心抓住，教师可以施展"犹抱琵琶半遮面"的技巧，留一点悬念给学生，让学生去想想、去讨论、去发挥，这就需要教师在第一课中精心设计有意思的活动和方案，激发学生探索新知识的欲望，以期日后进一步深入研讨。

一、开篇总动员，唱响主旋律

承担立德树人任务的道德与法治学科第一课，必须是弘扬主旋律、唱响正气歌的一节课，这是给学科定调子。第一课在整个学科教学中起着提纲挈领的重要作用。教师可以对本课程的地位、重要性、内容、框架结构等进行图文并茂地简单讲解，而框架的主线就是中国精神、中国道路、中国力量、大国方略、创新中国、智造中国……教师以活泼的课堂组织形式、生动的案例和对于国情的贴切把握，让时代主旋律不仅"响"起来，还要"潮"起来，更要"燃"起来。

1. 描绘复兴蓝图，彰显大气

中国特色社会主义进入新时代，这是我国发展新的历史方位，意味着近代以来久经磨难的中华民族迎来了从站起来、富起来到强起来的伟大飞跃，迎来了中华民族伟大复兴的光明前景。中国梦，是中华儿女的共同期盼，实现民族复兴的重任，历史地落到了青少年一代的肩上。十九大报告中提出的强国目标，描绘了中华民族伟大复兴的宏伟蓝图。作为第一节道德与法治课，教师有必要对学生们讲述"中国梦"的前世今生，解读各族人民自强不息的民族基因。

通过多媒体技术向学生展示中国共产党成立、新中国成立、改革开放以来中国发生的翻天覆地的变化，教师讲解从百年沧桑到大国崛起，就是这样全靠我们自己，一步一步地从穷困走上民族复兴的道路，是中华民族自身的能力、自身的意志支撑我们自身的崛起。尤其是看着改革开放后赏心悦目的大好河山，不仅让学生认识到改革开放的意义，而且培养了学生的爱国情感，增强了民族的自尊心和自豪感。

教材既是生动活泼的，又具有一定的深度。开篇第一课，不能面面俱到，只能蜻蜓点水。作为统领思想阵地的道德与法治课，要使学生开篇就明白一个道理：个人理想是火，中国梦就是火种；个人成才是水，报效祖国就是水的源头。同祖国和人民在一起，同呼吸共命运，为实现中国梦而拼搏，这样的人生注定有深度、有厚度、更精彩。

2. 崇尚公平法治，弘扬正气

公平正义是社会主义法治的价值追求。只有树立公平正义的理念，才能使宪法规定的建设社会主义法治国家的任务落到实处，才能真正维护人民的利益。对青少年学生的法治教育要走出说教式、灌输式，要理直气壮地鼓励学生交流讨论和观察思考，从"身边事，眼前人"讲起，寓教于乐、晓理于行，让学生在参与和体验中产生公平法治的思想，进而成为弘扬正气的自觉行动。

开篇第一节课，有位道德与法治课教师是这样开场白的：据数据统计，全国两会上女代表、女委员占比约两成，这是公平吗？教育部实施重点高校招收农村和贫困地区学生专项计划，主要招收边远、贫困、少数民族等地区县以下成绩优良的农村学生，这是公平吗？你认为生活中有哪些不公平的现象？你如何看待违法必究和疑罪从无？教师选择初中生关心的，具有教育意义的现实问题和典型事例作为素材，引导学生在真实的生活情境中学习，将对矛盾冲突的认识、辨析作为崇尚法治精神，培养法治思维，引领法治行为的必要环节和重要过程。

究竟什么是公平正义？怎样理解公平正义的价值？如何维护公平正义？这些当堂悬而不决的问题，不仅能调动起学生的积极性，抓住学生的注意力，而且是一把开启智慧之门的钥匙，给学生留下深刻印象，驱动学生开展接下来的学习。

二、形式多样，各美其美

传递真善美的学科，其本身也应具有呈现方式的艺术美。成功的道德与法治课开篇第一节必然是经过精心准备的，即便蕴含丰富的内容，也切忌毫无准备就去照本宣科，必须创新呈现方式，强化育人效果。要以理服人、以德感人，让道德与法治课既有润物无声的效果，也有惊涛拍浪的声势，这样才能使教育真正深入学生心里。

1. 音影声像图文并茂，具象启思

利用多媒体技术，可以把文字、图像、声音、图形、色彩、动画等信息整合在一起，给学生创设优美的教学情境，使枯燥抽象的教学内容变得生动形象，让过去的事情再现眼前，能充分调动学生的学习兴趣，还能调动学生眼、耳、口、手、脑等多种感官参与学习，提高课堂教学效率。

歌曲是有内涵、有思想、有时代背景的。在开篇第一课利用课前热场的时间，选取一首有时代感，动人动情、切中主题的主旋律，比如《我们走在大路上》《春天的故事》《天路》等，使学生们一听就心动，一唱就振奋，再跟学生说说歌曲创作的历史背景及所蕴含的深远意义，让学生在说唱中深刻感受新中国走过的艰辛。这样，教师在美妙的乐曲旋律中带着学生直奔主题，在艺术陶冶中渗透国情教育，概述习近平新时代中国特色社会主义思想。

道德与法治课最重要的特色之一就是时政性，开篇第一课，选取当前受关注程度较高的热点问题、最新时政新闻，利用同学们对热点事件感兴趣的心理，从新闻事件入手，不仅容易把学生带入学习情境，激发他们探索新知的主动性，而且教给了学生学好道德与法治课的重要方法——关注新闻，把教材理论与生活实践有机联系起来。

"奔驰女车主哭诉维权"的视频在网络上流传后，迅速引发舆论关注，最终，女车主与4S店达成和解协议。作为道德与法治课的开篇第一课，教师可以利用图片或者视频，在课堂上还原整个事件经过，并鼓励学生

谈谈自己的看法：1.4S店销售发动机漏油的车辆，侵犯了消费者的哪些权利？2. 本案中，女车主坐在引擎盖上哭诉维权的行为值不值得提倡？3. 当合法权益受到侵犯时，有哪些有效的方式维护自身的合法权益？4. 理性的维权没有效果，消费者的哭闹才使问题立马得到解决，有关国家机关及工作人员应该如何行使手里的权力呢？5. 诚信对于企业意味着什么？6. 法治社会的建设有哪些理念和要求呢……思维的火花被点燃，教师告诉学生，这些问题，会在接下来的学习中找到答案。

开篇第一课，通过对一个热点新闻的挖掘，使学生意识到和谐有序的社会生活需要法律来保障，而法律的生命在于实施。人人都学法、尊法、守法、用法，法律的价值才能实现，成功地为法治课的学习做了铺垫。

2. 精选案例寻根溯源，探究释疑

在初中道德与法治课堂教学中，要想达到预期的教学效果，特别是情感教学目标，渗透人文教育，在课前精选教学案例是重要的环节。为此，教师要在开篇第一课就把说服力强、引人深思、耐人寻味的事例引入课堂，设置恰当的情景，让学生积极地参与讨论国家生活和社会生活中遇到的困扰，畅所欲言地表达自己的看法，并尝试寻求追溯事件的来龙去脉，挖掘事件背后的深意，让学生爱上道德与法治课。

围绕美国"围猎"华为的事件，让学生讨论：美国政府为什么使用国家权力，一直针对华为这家民营商业公司进行打压？从华为事件始末中，学生认识到是因为我们在 5G 领域做得太好了，中国在高科技领域走在了世界前列，而科技战背后是大国博弈。当今时代，科技竞争已成为国际综合国力竞争的焦点。谁在知识和科技创新方面占据优势，谁就能在发展上掌握主动。近日，华为 P30 在国内发布，售价比海外版便宜超 2 000 元！彰显了民族企业的爱国情怀，华为领路人任正非一步步践行着"站在世界高点上"的理想。

通过充分讨论，学生初步懂得身处这个时代的中国人，要学会如何看待自己、如何看待世界、如何思考人类未来。只有铭记昨天的历史、洞悉今天的局势，才能掌握明天的命运。也可顺势激发学生的爱国情怀，树立正确的人生目标和价值观。

3. 体验参与身心投入，燃情解惑

道德与法治课的课程性质决定了它是一门理论性很强的学科，它所传授的政策法规等无不带有严肃性、准确性、权威性，这就使得道德与法治课在很多学生的评价中要么被说成"枯燥乏味，死记硬背"，要么被定格为"高谈阔论，空洞说教"。因此，开篇第一课用学生喜闻乐见的教学方式、贴近生活的教学内容，激发学生的学习积极性，将"被教授"变为"主动学"，让课堂变得有意思、有温度、接地气，"枯燥的"道德与法治课才能真正活起来、火起来。

培养学生遵纪守法的公民意识，是道德与法治课教学的主线之一。如何在开篇第一课就唤醒学生的规则意识，为此教师可以设计一个学生参与的活动。趣味性实验可以引起学生的注意，容易激起学生的求知欲望，产生浓厚的探求兴趣。例如，从一个小实验入手：一个汽水瓶内装了3个玻璃球，每个球上系着一根细绳，绳的一端分别由3名学生握着。教师要求学生们在最短时间内将小球都拿出来。3名学生几乎同时拉动绳子，结果3个小球紧紧卡在瓶口，一个也动弹不得。这时好奇心理促使学生急切地想知道欲速则不达的原因，兴奋的学生逐渐冷静下来。一会儿，商量后的学生重新开始，这次是有秩序地依次而出，既快又稳。这个实验使学生对"守秩序"有了感性认识，这样就引导他们积极思维，使学生在愉快、轻松的气氛中顺利开始一门新课的学习。

总之，开篇第一课，既要注重外在美，更要注重内在美，内外兼修，达成立意美、形式美、语言美、环节美的高度融合。教师要以课程为载体，运用多种教学形式和教学手段激发学生对道德与法治课学习的兴趣，让学生真切地感受到"有意义"的道德与法治课非常"有意思"！

参考文献

[1] 教育部. 关于印发《完善中华优秀传统文化教育指导纲要》的通知 [Z]. 教社科，2014 (3).

[2] 王洪茹. 社会主义核心价值观在思想品德课教学中的有效渗透 [J]. 新课程（中旬），2015 (05).

第二章

立足学科核心素养，传导主流意识形态

第一节　依托课程内容，培养学科核心素养

依据《义务教育思想品德课程标准（2011 年）》，初中阶段道德与法治学科的课程设计思路是"以初中生逐步扩展的生活为基础，以

初中生成长过程中需要处理的关系为经，以道德、心理健康、法律、国情等内容为纬，基础明确，经纬交织，科学设计"。

"四个自信"并列提出，是对科学社会主义基本观点的创新发展，是我们党对中国特色社会主义认识的重大突破，是初中道德与法治课程的最新内容。

初中道德与法治学科正是依托于道德、心理健康、法律、国情、四个自信等内容，着力培养学生的学科核心素养。

一、道德与心理——美心灵，全人格

1. 道德教育美心灵

德润人心，道德教育能够美化学生的心灵。然而当前，一些初中生受社会阅历和文化多元的影响，出现了道德认识和自身道德修养双重标准的问题。他们一边痛恨别人的自私自利，另一边又过分注重自身利益；一边希望得到周围人的关注和善待，另一边又做不到友善待人；一边希望别人尊重自己，另一边又不能做到对他人以礼相待。总之，他们对外界道德要求高，对自身道德要求低。初中道德与法治学科是中学德育的重要阵地，应当通过道德教育内容的学习和渗透，来提高中学生的道德认知，加强其自身道德修养，确立正确的道德标准，美化中学生心灵。

　　某校道德与法治学科教师在落实"友善"这一道德层面教学内容时，采取了如下教学策略。该教师以说文

解字的方式导入新课。选择古代文字中友善的写法和解

读：（字形）像两只手，象征着朋友之间的援手，因此

其本意是帮助；（字形）由一个羊和两个言组成；羊是吉

祥的代表，言是讲话，因此其本意是吉祥的话语。帮助
学生初识友善，继而从三个方面展开：1. 与己友善，
首存善心——对自己友善，做一个善良的人；2. 与人
为友，心存善念——对他人友善，建立良好的人际关
系；3. 与世为友，常怀善情——对社会友善，为和谐
社会做贡献。层层深入，拓展学生对友善外延的认知。
最后，教师以布置导行作业结束本课的学习。作业内容
是：1. 每天对身边的人至少微笑三次，把欢乐传递下
去；2. 每天原谅一个伤害你的人，让痛苦的能量到你
这里为止，做"痛苦的终结者"；3. 每天做一件帮助他
人的好事；4. 当别人让你感到不愉快时，尽量去理解
他，试着去了解他的苦衷；5. 为别人的成绩鼓掌，而
不去嫉妒；6. 每天写出一个令你反感的人的一条优点。
将道德与法治课堂延伸到课外，用课上教授的道德品质
去指导学生课内外的生活。

　　同时，初中道德与法治学科的道德教育内容并不局限在课堂完成，道德教育的形式是灵活多样的。如组织学生到革命烈士纪念馆参观，

开展爱国主义教育；举办道德两难相关内容辩论会，明辨道德判断标准；开展美德故事会、演讲比赛，树立道德楷模等。这些活动既丰富了道德与法治课堂，也突破了传统课堂教育的单一，让学生在体验道德过程中扮美自身的心灵。

2. 心理教育全人格

对中学生进行心理教育是非常必要的，它关系着中学生以后的健康成长问题。只有拥有健康的心理，身心协调发展，他们才能健康地成长，完善自我，未来成为对国家、对社会有用的人才。

心理健康问题直接关系着学生的未来。中学时代是学生成长的重要阶段，生理发育迅速，但心理发育缓慢，心理水平处于从幼稚向成熟过渡的阶段。这个时期，在情绪方面，他们很难按照自己的意愿合理地把控。在行为方面，他们有很强的自我表现欲望，争强好胜、做事比较鲁莽、不顾及后果。在待人接物方面，他们大多以自我为中心，做事比较任性，听不进去别人的意见，对待一些问题，比较片面甚至有些偏激，还容易产生妒忌或极端的心理。在异性交往方面，他们对异性非常感兴趣，存在很强的好奇心，会有意无意地观察心仪的异性，交往中出现害羞、不自在等内心不成熟的行为表现。

心理学家弗洛伊德将人格分为"三我"模式：本我、自我和超我。本我是人格的最底层，处于无意识状态；自我是从本我分离出来的，位于人格中间层，主要是自我和超我联系的纽带；超我位于人格的最高层，可以抑制本我、控制自我，需要具备情感洞察力、社会分析力以及自省的能力。心理学的最高宗旨是揭示人的奥秘，为人们正确认识自我的心理、情感和行为提供正确的理论指南。

心理学价值中立的态度，对人无条件的接纳、积极的关注、尊重、真诚、热情等服务理念，在初中道德与法治课堂得到了积极有效的运用，使得教师更能走进学生心灵的深处，倾听他们的声音，想他们所想，充分理解学生的困惑和冲突背后的原因，让学生真正感受到自己被接纳、被理解，敢于并愿意敞开心扉地交流分享。

某校道德与法治教师在讲述《体察情绪》这一与心理学内容相关的教学内容时，采取了下列教学措施。

导入环节：制作电子相册导入新课。精选班级所有同学入学报到、开学典礼、军训、课间等的瞬间表情大头照片，制作班级表情包，配上背景音乐和必要的提醒文字，制作一个电子相册。在视觉和听觉上震撼学生，让学生回忆过往经历，感受情绪的丰富多彩，情感上与这节课的学习内容同步，导入新课。

学习新知环节：为突破教学难点——情绪是多样的、复杂的，设计体验活动"我来演，你来猜"。活动分两步：第一步，制作。将班级分成五个小组，以传统语言文字文化为背景，要求五个小组分别从喜、怒、哀、惧、复杂情绪交织5个方面选出两个典型成语，制作情绪卡片。第二步，演绎。将同学们制作的10张情绪卡片混在一起，采用你来演我来猜的方式，演绎成语中蕴含的情绪特点，使表演者和观看者共同感受情绪的多样性和复杂性。活动结束，请学生总结情绪的特点。

为突出教学重点——情绪的表达方式和体察情绪的方法，设计了体验活动——情绪体验"喜乐街"。活动设计灵感的来源是中央电视台综艺节目喜乐街。节目请到了众多明星，在没有任何准备的情况下，根据导演现场的指令，即兴表演。把喜乐街的形式搬到课堂，让学生体察情绪，学生的参与热情极高。活动要求学生自主报名或者同学推荐一名同学到前面接受喜乐街任务，根据老师的提示，现场即兴用面部表情、语言、体态等任意形式，表达在那时那景下自己的情绪特征。

教师的提示语：课间，数学课代表分发期中考试卷，发到你时，竟然是满分……同桌小丽平时学得比你好，这次却考砸了，看着你的得意忘形很不爽，冷眼说："行了，别得意了，想让全世界都知道你考得好怎么着！"……这时，你突然发现，试卷上有一处，老师好像批错了，有一道填空题答案怎么和后桌的不一样呢！……再与别人核对，原来虚惊一场，是后桌的卷子有问题……你慨叹，哎，真是一个令人难忘的课间十分钟！

表演结束，表演者将得到一份精致的礼物。一张贺卡，贺卡上写着：你真是个勇敢的"喜乐人"，为同学们呈现了一个跌宕起伏的情绪大片。即兴表演时，你发生了哪些心理变化？为下文总结做铺垫。

建立在观察与体验的基础上，由学生总结情绪的表达方式和体察情绪的方法。先演绎，后归纳，符合七年级学生认知规律和特点。

我们看到案例中上课教师将心理学教学内容与活泼的课堂呈现有机结合，让学生在体验参与过程中体察情绪的多样，为后续控制情绪的学习做好了铺垫。

在发展中国学生核心素养的过程中，对健康人格一部分的规定是，要求中学生具有积极的心理品质，自信自爱，坚韧乐观；有自制力，能调节和管理自己的情绪，具有抗挫折能力等。拥有健康的心理，才能拥有健康的人格；拥有健康的人格，才能拥有美好的人生。

二、法治与国情——严自律，有担当

1. 法治教育严自律

从国家层面看，国家非常重视青少年法治教育。党的十八届四中全会提出："把法治教育纳入国民教育体系，从青少年抓起，在中小学设立法治知识课程。"党的十九大报告强调，要深化依法治国实践，加大全民普法力度，提高全民族法治素养。《青少年法治教育大纲》针对青少年义务教育阶段提出的教育目标是，使青少年初步建立法律意识，懂得遵守社会规则，养成遵纪守法的行为，了解用法律来维护自身的权益，具备参与社会生活的意识与能力，为之后对青少年培育法治观念奠定基础。

从学科发展角度看，法治教育是政治学科的重要内容。法治意识是思想政治学科核心素养的重要内容之一，思想政治学科培养法治意识，就是要使学生尊法、学法、守法、用法，自觉参加社会主义法治建设，这是加强其他素养的必要前提或必然要求。从道德与法治课程名称即可看出"道德"与"法治"两方面内容并驾齐驱的地位。新教材的法治教育部分，采取专册安排，凸显法治教育的重要性。新教材中的很多法治教学内容既贴近学生的实际生活，又能更好地引领学生生活。

道德与法治课堂是校园里对学生普法宣传的主阵地。教学中教师可采用多样的教学模式开展法治教育。比如观看或表演普法栏目剧，能让学生在观看与思考中知法、学法、守法、用法；法律经典案例分析能让学生掌握基本的法律知识，依法规范自己的言行；模拟法庭，能让学生感受法律的威严、法庭的庄重；演讲比赛、手抄报展等活动能增强学生的法律意识，对学生进行心灵的净化与洗礼。丰富的教学形式更容易让"法"走近学生。

《义务教育思想品德课程标准（2011年）》第三部分《我与国家和社会》指出："知道中华人民共和国宪法是我国的根本大法，是全国各族人民、一切国家机关和武装力量、各企事业组织的根本的活动准则，增强宪法意识。"某校道德与法治教师为了了解学情，在课前编制、分发、汇总了调查问卷。在大量的数据统计之后，分析学情，依据学情有针对性地进行《增强宪法意识》一课的教学设计。以一条明线——对一张问卷的思考、一条暗线——增强宪法意识统领本课。三个教学活动环环相扣。第一环节是"我学宪法——七嘴八舌说一说";第二环节是"我同宪法——小组合作找一找";第三环节是"我遵宪法——宪法至上共践行",三个环节贯穿于整节课,支撑本节课。最后,教师饱含深情地总结道:通过今天的学习,老师希望同学们能够在知识上学习宪法,情感上认同宪法,行为上践行宪法,增强宪法意识。也许受时间限制,40分钟的课堂上我只能在你的心中种下一粒种子,但是,我希望这粒种子所孕育的宪法精神能够因这节课而生根发芽,开花结果。也希望能够通过你去影响你周围的人,让更多的人学习宪法、认同宪法、践行宪法,让宪法精神沁入每个人的心田,为社会主义法治建设贡献我们的力量。

案例中教师运用自己的成长经历讲宪法与我们每个人生活的关系,更容易让学生爱上宪法,更有利于学生增强宪法意识。中学生是国家未来的主人和社会主义现代化建设的主力军,让中学生学法、尊法、守法、用法,严格自律,培养初中生的法治素养任重而道远,它既需要学校教育全力以赴,也离不开家庭教育和社会教育鼎力支持。只有形成合力,方能形成法治教育的最佳效果。

2. 国情教育有担当

从现实需要层面看,青少年了解当今的中国社会至关重要。国情教育是使学生了解本国政治、经济、自然生态等方面基本情况,从而激发其爱国热情的教育,主要包括近百年来中国历史的教育、社会主义必然性的教育、经济文化发展现状的教育、经济资源和人口问题的教育、中华民族优秀传统的教育等。进行国情教育的目的在于使年轻一代在考虑和处理一切问题时都能从中国的基本国情出发，并激发热爱祖国、振兴中华的思想情感。爱国精神的培养是国情教育的终极追求。

在初中学段，国情教育内容主要集中在九年级进行学习渗透。涉及的教学内容主要有：当代中国的基本国情是我国仍处于并将长期处于社会主义初级阶段；我国的国际地位是世界上最大的发展中国家；我国发展新的历史方位是中国特色社会主义进入新时代；新时代我国社会主要矛盾已经转化为人民日益增长的美好生活需要和不平衡、不充分的发展之间的矛盾；建设中国特色社会主义的总布局是"五位一体"；我国经济发展进入新阶段，已由高速增长阶段转向高质量发展阶段；我国是人民当家做主的社会主义国家，要当好国家主人；依法治国是党领导人民治理国家的基本方略；"一国两制"是我国实现祖国和平统一的基本方针；中华优秀传统文化源远流长，博大精深；社会主义核心价值观是当代中国精神的集中体现，培育和践行社会主义核心价值观贵在知行合一；我国的发展承受着巨大的人口、资源和环境压力，为了应对压力，我国实施了节约资源和保护环境的基本国策，坚持可持续发展战略，走科学发展之路；实现中华民族伟大复兴的中国梦，就是实现国家富强、民族振兴、人民幸福等。以上这些内容的学习承载着中学生对国家的认同，对民族未来的责任和担当。

当代中学生是祖国的未来、民族的希望，也是中国特色社会主义事业的建设者和接班人。对国家的认同是维系一个国家存在和发展的重要纽带。爱国主义教育则是增强学生国家认同感的核心内容。如何有效地在初中生中开展爱国主义教育，关乎我国社会主义事业的成败。

道德与法治学科利用法治专册平台，加强初中生的权利义务教育，增强学生的国家责任感。我国宪法规定："任何公民享有宪法规定的权利，同时也必须履行宪法和法律规定的义务。"现代社会，公民既是合法权利的享有者，也是法定义务的承担者。爱国需要理性表达。通过公民权利意识和义务观念教育实践能够激发学生的爱国情怀，提高学生的爱国能力。中学生履行公民义务、行使公民权利的过程，就是表现并增强爱国主义情操的过程。学生在履行法定义务的过程中，会自觉将自己与国家责任联系起来，加深对国家责任的理解，增强国家责任感。

三、增强四个自信——明特色，定航向

四个自信是指我们要坚定地树立中国特色社会主义的道路自信、理论自信、制度自信和文化自信。其中中国特色社会主义道路是实现途径，中国特色社会主义理论体系是行动指南，中国特色社会主义制度是根本保障，中国特色社会主义文化涵盖中华优秀传统文化、革命文化和社会主义先进文化等内容。四个自信统一于中国特色社会主义伟大实践之中。

思想政治学科核心素养体系包括政治认同、科学精神、法治意识、公共参与等四个要素。思想政治课以发展中国特色社会主义为主轴，以"四个自信"为"四维"，以四个素养为"四梁"。李亮老师和李春会老师在《论政治学科核心素养与"四个自信"的耦合发展》一文中指出："政治学科核心素养与'四个自信'密不可分，'四个自信'是

培养政治学科核心素养的方向与动力，赋予中学生发展的智慧与信心；中学生的政治学科核心素养又成为中学生强化'四个自信'的基础和保障，政治学科核心素养水平的高低直接影响'四个自信'的程度。"

初中道德与法治学科以思想政治核心素养为指导，在初中学段对中学生进行四个自信的初级教育。即学生明确四个自信的内容，理解四个自信在中国特色社会主义建设进程中的鲜明特色和时代意义，为高中阶段继续学习打下坚实的政治基础。

1. 道路自信明途径

道路自信是对我国所走的中国特色社会主义道路的自信。中国道路是人民的选择、人民的创造，是党领导人民干出来、走出来的。纵观历史和现实，我国没有走封闭僵化的老路，也没有走改旗易帜的邪路，而是走出了中国特色社会主义的新路。初中道德与法治学科教师应在课堂上让学生切身感受到中国道路的正确性。为此，教师可以从老百姓衣食住行的持续改善、国家面貌的巨大变化、日益丰富的文化产品、同心共圆中国梦的实干努力等内容筛选备课素材，利用制作课件、观看影像资料、实地考察等多种渠道和途径印证中国道路的正确性，坚定学生的道路自信。

2. 理论自信定指南

理论自信是对中国特色社会主义理论体系的自信。理论是实践的先导，思想是行动的指南。充分发挥思想理论的引导作用，是中国共产党的宝贵品质，也是中国共产党领导中国人民实现革命、建设、改革伟大胜利的重要法宝。党的十八大以来，以习近平同志为核心的党中央高度重视理论的作用，强调要"增强理论自信和战略定力"。

中国特色社会主义理论体系是马克思主义基本原理同当代中国实际相结合的产物，它系统地回答了什么是社会主义、怎样建设社会主义，建设什么样的党、怎样建设党，实现什么样的发展、怎样实现发展等根本问题，以全新的视野深化了对共产党执政规律、社会主义建设规律、人类社会发展规律的认识。强调理论自信，既是成功实践的经验总结，也是事业发展的必然要求。首先，中国发展的辉煌成就让我们有底气充满自信。习近平总书记在庆祝中国共产党成立95周年大会上指出："当今世界，要说哪个政党、哪个国家、哪个民族能够自信的话，那中国共产党、中华人民共和国、中华民族是最有理由自信的。"其次，复杂的国内外形势和意识形态领域的斗争，要求我们对中国特色社会主义理论体系充满自信。在西方各种社会思潮加紧对我国进行渗透，马克思主义主流意识形态在交锋中遭受质疑的情况下，理论自信的意义尤为重要。强调理论自信，就是要告诉我们不为各种扭曲思潮和歪理邪说所俘获，始终高举中国特色社会主义理论旗帜，义无反顾地为实现中华民族伟大复兴的中国梦而努力奋斗。

习近平总书记指出："只有掌握科学理论，才能正确把握前进方向。""理论上坚定成熟，什么力量也不能动摇我们。"坚持和增强理论自信，能够为其他三个自信提供思想引领和行动指南，为中国特色社会主义事业保驾护航提供强大的思想武器。

3. 制度自信是保障

制度自信指对中国特色社会主义制度的自信。对于这个"制度"的内涵，党的十八大报告做过全面而深刻的界定。报告指出："中国特色社会主义制度，就是人民代表大会制度的根本政治制度，中国共产党领导的多党合作和政治协商制度、民族区域自治制度以及基层群众自治制度等基本政治制度，中国特色社会主义法律体系，公有制为主体、多种所有制经济共同发展的基本经济制度，以及建立在这些制度基础上的经济体制、政治体制、文化体制、社会体制等各项具体制度。"

习近平总书记指出："一个国家的政治制度决定于这个国家的经济社会基础，同时又反作用于这个国家的经济社会基础，乃至于起到决定性作用。"在一个国家的各种制度中，政治制度处于关键环节。所以，坚定中国特色社会主义制度自信，首先要坚定对中国特色社会主义政治制度的自信，增强走中国特色社会主义政治发展道路的信心和决心。

中国特色社会主义已经进入新时代，在中国特色社会主义制度的保障下，我国取得了全方位的、开创性的、历史性的成就，并且将会取得更大的成就，我们对中国特色社会主义制度充满自信。

4. 文化自信厚底蕴

文化自信是一个民族、一个国家以及一个政党对自身文化价值的充分肯定和积极践行，并对其文化的生命力持有的坚定信心。在庆祝中国共产党成立 95 周年大会的讲话上，习近平对文化自信特别加以阐释，指出"文化自信，是更基础、更广泛、更深厚的自信"。

为什么国家如此重视文化的作用？国家主席习近平曾给出过这样的答案。因为"文明特别是思想文化是一个国家、一个民族的灵魂。无论哪一个国家、哪一个民族，如果不珍惜自己的思想文化，丢掉了思想文化这个灵魂，这个国家、这个民族是立不起来的"；因为中国优秀传统文化，"可以为治国理政提供有益启示，也可以为道德建设提供有益启发"。"我国今天的国家治理体系，是在我国历史传承、文化传统、经济社会发展的基础上长期发展、渐进改进、内生性演化的结果"。更因为"只有坚持从历史走向未来，从延续民族文化血脉中开拓前进，我们才能做好今天的事业"，"没有文明的继承和发展，没有文化的弘扬和繁荣，就没有中国梦的实现"。

初中道德与法治课堂，应树立文化自信，坚定上课底气。博大精深、源远流长的中华优秀传统文化、革命文化和社会主义先进文化为我们的课堂提供了丰厚的底蕴支撑，成为我们"理直气壮讲好思政课"的文化底气。

在课堂呈现形式上应力求新颖、多样。综合激发学生从视觉（图片、文字等）、听觉（影视资料等）、味觉（品鉴美食等）、触觉（现场参观、实地考察等）等感官走进传统文化，增强文化自信。

某校道德与法治学科教师在讲授《感知优秀传统文化》一课时，为了让学生从多个角度感知优秀传统文化的博大精深和源远流长，在课堂上组织了一场传统文化知识竞猜活动。竞猜题目如下：

1. 甲骨文出现在哪个朝代？

答案：商代。

2. 图片出示的是哪种字体？

答案：科斗文（蝌蚪文）。

3. 楷书四大家是指哪几位？

答案：楷书四大家是对书法史上以楷书著称的四位书法家的合称，也称四大楷书。他们分别是：唐朝欧阳询（欧体）、唐朝颜真卿（颜体）、唐朝柳公权（柳体）、元朝赵孟頫（赵体）。

4. 隶书是由哪种字体简化演变而成的？

答案：篆书。

5. 三大国学启蒙读物是什么？

答案：《三字经》《百家姓》《千字文》，它们并称为三大国学启蒙读物。其内容涵盖了历史、天文、地理、道德以及一些民间传说，所谓"熟读《三字经》，可知千古事"。

6. 他，获得了联合国首次以中国人命名的国际奖项——"联合国教科文组织教育奖。"他是春秋末期思想家、政治家、教育家，儒家学派的创始人。他一生的主要言行被其弟子整理编成书，成为后世儒家学派的经典，这本书的名字是什么？

答案：论语。

7. 唐宋元明清有特色的文学题材分别是什么？

答案：唐诗、宋词、元曲、明清小说。

8.《四库全书》《齐民要术》《徐霞客游记》这些著作分别涉及的是哪方面内容？

答案：《四库全书》全称《钦定四库全书》，是清代乾隆时期编修的大型丛书。在清高宗乾隆皇帝的主持下，由纪昀等360多位高官、学者编撰，3800多人抄写，耗时13年编成。分经、史、子、集四部，故名四库。据文津阁藏本，共收录3462种图书，共计79338卷，36000余册，约8亿字。规模是《永乐大典》的三倍半。《齐民要术》大约成书于北魏末年（533—544），是北朝北魏时期，南朝宋至梁时期，中国杰出农学家贾思勰所著的一部综合性农学著作，也是世界农学史上最早的专著之一，是中国现存最早的一部完整的农书。《徐霞客游记》是系统考察中国地貌地质的开山之作，描绘了中国大好河山的风景资源，其优美的文字也使之成为文学佳作，在地理学和文学上都有着重要的价值。

9.（图）下面展示的是哪种工艺制品？

答案：苏绣。

10. 四大名绣除了苏绣、广绣外还有什么？

答案：蜀绣和湘绣。

11. 中国哪个地方的瓷器最有名？

答案：景德镇。

12.（图）请说出这种工艺作品的名称。

答案：唐卡。唐卡系藏文音译，指用彩缎装裱后悬挂供奉的宗教卷轴画。唐卡是藏族文化中一种独具特色的绘画艺术形式，题材内容涉及藏族的历史、政治、文化和社会生活等诸多领域，堪称藏民族的百科全书。

13. 请说出一位我国著名的舞蹈演员。

答案：如杨丽萍。

14. 杂技之乡有哪些？

答案：山东的聊城、江苏的盐城、河南的周口、湖北的天门、安徽的广德、天津的武清、河北的沧州吴桥。

15. 皮影戏的发源地是哪里？

答案：陕西。

16.（图）这幅画的名称是什么？作者是谁？

答案：《清明上河图》，作者是北宋张择端。

17. 变脸是哪个剧种的绝活？

答案：川剧。

18. 请列举一位近现代中国有名的哲学家。

答案：胡适、冯友兰、熊十力、梁漱溟、汤一介、宗白华、金岳霖等。

19. 塞翁失马，焉知非福；民不畏死，奈何以死惧之；天下万物生于有，有生于无；祸兮福之所倚，福兮祸之所伏；道之大原出于天，天不变，道亦不变。这些是哪位大家的思想？

答案：老子的辩证思想。

20. 程朱理学的"程朱"是指谁？

答案：北宋程颢、北宋程颐、南宋朱熹。

21. 请你接着背诵出三字经中的任意一句。人之初，性本善，性相近，习相远。苟不教，性乃迁，教之道，贵以专。昔孟母，择邻处，子不学，断机杼。窦燕山，有义方，教五子，名俱扬。养不……子不……玉不……

答案：养不教，父之过，教不严，师之惰。子不学，非所宜，幼不学，老何为？玉不琢，不成器，人不学，不知义。

22. 请说出论语中有关道德的句子。

答案：与朋友交，言而有信。——《论语》；人而无信，不知其可也。——《论语》；民无信不立。——《论语》；言必信，行必果。——《论语》；行己有耻。——《论语》。

23. 董仲舒提出的"三纲五常"指什么？

答案：君为臣纲，父为子纲，夫为妻纲。"仁、义、礼、智、信"五常。

24. 法家代表人物管仲在道德伦理方面提出了四维。认为"四维不张，国乃灭亡"。这里的"四维"指什么？

答案：礼、义、廉、耻。

这位道德与法治教师从语言文字、文化典籍、科技工艺、文学艺术、道德伦理、哲学思想等方面寻找文化常识，与学生在问答中增强学生的文化自信。

第二节　厚植红色基因，讲好中国故事

泱泱中华，五千年文明未断。在文明传承的历史进程中，从来不乏爱国、报国的英雄故事。同时，随着中国日益走近世界舞台中央，中国与世界深度融合、相互激荡，讲好中国故事，传播好中国声音，向世界展现真实、立体、全面的中国，是宣传思想战线的重要使命任务。在全国宣传思想工作会议上，习近平总书记围绕讲什么中国故事、如何讲好中国故事、怎样展现好中国形象做出深刻论述，提出明确要求。讲好中国故事，既是责任担当，也要遵循规律、改革创新。把"我们想讲的"变成"受众想听的"，把"受众想听的"融进"我们想讲的"，让宣传工作更具创造力、感召力、影响力。我们有本事做好中国的事情，更有信心讲好中国的故事。

一、英雄故事——讲出爱国情、强国志

1. 古之英雄，民族魂魄

爱国主义是中华民族精神的核心。中华文明，泱泱五千年的文明史，涌现出无数的爱国英雄，他们或为国捐躯，或精忠报国，或励精图治，或兢兢业业，为国家的存亡、民族的振兴付出着时间、精力乃

至生命。道德与法治学科作为核心价值观宣传的主阵地之一，在熔铸民族魂魄时，对古往今来爱国英雄素材的充分挖掘，是学生理解爱国、认同爱国，并最终践行爱国的重要途径。

某校道德与法治教师充分挖掘岳飞"精忠报国"爱国主义素材，向学生们讲爱国故事，传递爱国情怀。

岳飞精忠报国的故事：岳飞，字鹏举，南宋军事家，民族英雄。他生活的时代是距离我们现在两千多年的两宋时期，国力强盛的金拥兵南下，北宋国力衰微抵抗不得，终致灭亡，中原国土不复，百姓流离失所深受荼毒。当时还只是一个平民百姓的岳飞胸怀大志，力图报国，毅然决然地走上了抗金报国的英雄道路。

年少时的岳飞勤奋好学，并且向周同和陈广学习了很多技艺，比如射箭、舞枪等，而且有很好的成就，他武艺高超，是十里八村武功最高的人。岳飞在 19 岁的时候投靠军队去抵抗辽的进犯，不久之后，岳飞的父亲去世，岳飞只能退伍回乡为父亲守孝。

多年以后，岳飞再次参军抗击金，从此开始了他保家卫国抵抗金兵的戎马一生。在岳飞参军即将离家的时候，他的母亲姚氏在他的后背上刺上了四个大字"精忠报国"，精忠报国这四个字也是岳飞这传奇一生所信奉的唯一信条。

诸多大小战役岳飞都屡建奇功，在绍兴三年

（1133）十二月的时候更是击败金兵使他们不得不北还，绍兴五年（1135）收编杨么的起义军使岳家军的实力又增。绍兴六年（1136）北伐失败的岳飞写下千古绝唱《满江红》。

满江红

怒发冲冠，凭栏处，潇潇雨歇。抬望眼，仰天长啸，壮怀激烈。三十功名尘与土，八千里路云和月。莫等闲，白了少年头，空悲切。

靖康耻，犹未雪。臣子恨，何时灭。驾长车，踏破贺兰山缺。壮志饥餐胡虏肉，笑谈渴饮匈奴血。待从头，收拾旧山河，朝天阙。

此词上片抒写作者对中原重陷敌手的悲愤，对胜利前功尽弃的痛惜，表达了自己继续努力争取壮年立功的心愿；下片抒写作者对民族敌人的深仇大恨，对祖国统一的热切愿望，对国家朝廷的赤胆忠诚。全词情调激昂，慷慨壮烈，显示出一种浩然正气和英雄气质，表现了作者报国立功的信心和乐观主义精神。

2. 革命英雄，国之骄子

中国近代革命分以下几个时期：从1840年鸦片战争到1919年五四运动是旧民主主义革命时期；从1919年五四运动到1949年新中国成立前是新民主主义革命时期；从1949年新中国成立到1956年社会主义"三大改造"完成前是新民主主义向社会主义过渡时期；从1956年"三大改造"完成到1978年改革开放前是中国社会主义建设道路的

探索与曲折时期；1978年后至今是中国特色社会主义建设时期。

近代以来，久经磨难的中华民族迎来了从站起来、富起来到强起来的伟大飞跃，迎来了实现中华民族伟大复兴的光明前景。是无以计数的革命英雄的奉献与牺牲，换来了今天的伟大飞跃和光明前景。

董存瑞舍身炸碉堡的英雄故事：董存瑞是中国人民解放军的六位经典英烈之一，全国战斗英雄，模范共产党员。被评为"100位为新中国成立做出突出贡献的英雄模范人物"。2018年9月，中央军委政治工作部统一印制张思德、董存瑞、黄继光、邱少云、雷锋、苏宁、李向群、杨业功、林俊德、张超10位挂像英模画像，并下发至全军连级以上单位。

董存瑞原名董春睿，1929年10月15日生于河北省（原察哈尔省）张家口市怀来县南山堡村，小时家境贫穷，只读过一年书。1940年，南山堡建立抗日政权，他参加儿童团并被选为儿童团长。13岁时，因掩护区委书记（1942年，区委书记兼武委会主任王平）躲过侵华日军的追捕，被誉为抗日小英雄。15岁，成长为一名出色的小民兵。1948年5月25日，在解放隆化的战斗中，因部队受阻于对方军队的桥型暗堡，董存瑞毅然抱起炸药包，左腿负伤，冲至桥下。因身边无处安放炸药包，紧急时刻，董存瑞用自己的身体充当支架——手托炸药包炸毁了敌人的暗堡。牺牲时，还未满19岁。

19岁的董存瑞炸碉堡，为部队开辟了胜利前进的道路。后辈追忆董存瑞："精神永存，平淡是真。"聂荣臻题词："舍己为国，人之楷模。"

周恩来为中华之崛起而读书的故事："为中华之崛起而读书"是中共中央政治局常委、中华人民共和国国务院第一任总理周恩来在少年时代立下的宏伟志向，表现了为国家和民族而奋斗终生的责任感和使命感。"为中华之崛起而读书"就是要博览群书，全面发展，求真务实，勇于创新，做一个有理想有道德有文化有纪律的高素质人才，努力增强自身的文化修养，为富国强民而不懈努力。

12岁那年，周恩来离开家乡，来到了东北。当时的东北，是帝国主义列强在华争夺的焦点。他在沈阳下了车，前来接他的伯父指着一片繁华、热闹的地方，对他说："没事可不要到那个地方去玩啊！"

"为什么？"周恩来不解地问。

"那是外国租界地，惹出麻烦来可就糟了，没处说理去！"

"那又是为什么呢？"周恩来打破砂锅问到底。

"为什么？中华不振啊！"伯父叹了口气，没有再说什么。

不久，周恩来进了东关模范学校读书。他始终忘不了大伯接他时说的话，经常想："租界地是什么样的？

为什么中国人不能去那儿，而外国人却可以住在那里？这不是中国的土地吗……"一连串的问题使周恩来迷惑不解，好奇心驱使着他，一定要亲自去看个究竟。

一个风和日丽的星期天，周恩来背着大伯，约了一个要好的同学去了租界。嘿！这一带果真和别处大不相同：一条条街道灯红酒绿，热闹非凡，街道两旁行走的大多是黄头发、白皮肤、大鼻子的外国人和耀武扬威的巡警。

正当周恩来和同学左顾右盼时，忽然发现巡警局门前围着一群人，正大声吵嚷着什么。他们急忙奔了过去，只见人群中有个衣衫褴褛的妇女正在哭诉着什么，一个大个子洋人则得意扬扬地站在一旁。一问才知道，这位妇女的亲人被洋人的汽车轧死了，她原指望中国的巡警局能给她撑腰，惩处这个洋人。谁知中国巡警不但不惩处肇事的洋人，反而把她训斥了一通。围观的中国人都紧握着拳头。但是，在外国租界地，谁又敢怎样呢？只能劝劝那位不幸的妇女。这时，周恩来才真正体会到伯父说的"中华不振"的含义。

从租界地回来以后，同学们常常看到周恩来一个人在沉思，谁也不清楚他究竟在想什么。直到在一次修身课上，大家听了周恩来的发言才解开了这个谜。

那天修身课上，魏校长向同学们提出一个问题："请问诸生为什么而读书？"

同学们踊跃回答。有的说："为明理而读书。"有的说："为做官而读书。"也有的说："为挣钱而读书。""为吃饭而读书。"

周恩来一直静静地坐在那里，没有抢着发言。魏校长注意到了，打手势让大家静下来，点名让他回答。周恩来站了起来，清晰而坚定地回答道：

"为中华之崛起而读书！"

魏校长听了为之一振！他怎么也没想到，一个十二三岁的孩子，竟有如此抱负和胸怀！他睁大眼睛又追问了一句："你再说一遍，为什么而读书？"

"为中华之崛起而读书！"

周恩来铿锵有力的话语，博得了魏校长的喝彩："好哇！为中华之崛起！有志者当效周生啊！"

是的，少年周恩来在那时就已经认识到，中国人要想不受帝国主义欺凌，就要振兴中华。读书，就要以此为目标。

"为中华之崛起而读书"不仅是对以爱国主义为核心的民族精神的传承和升华，也是对以共产主义为核心的时代精神的体现和拓展，是激励人们奋发努力、不断进取的强大动力。

3. 今之英雄，时代楷模

在十九大报告中，习近平总书记指出：今天，我们比历史上任何时期都更接近、更有信心和能力实现中华民族伟大复兴的目标。总书记表示，中华民族伟大复兴，绝不是轻轻松松、敲锣打鼓就能实现的。中国梦凝聚了几代中国人的夙愿，是中华儿女的共同期盼。中国梦是全中国人民共同的梦。中国梦不仅仅是国家梦、民族梦，更是亿万人民梦想的叠加，是十几亿人梦想百川归海的汇聚。实干兴邦，只有通过努力才能实现共同梦想。在为实现梦想而努力的时代，涌现出一批又一批时代楷模。他们把个人理想融入国家和民族伟大事业，勇于承担历史使命，奉献社会，在发展自我的同时，也为实现中国梦贡献着青春能量。

时代楷模就是在某个特定的社会历史时期内，对人们的思想和行为产生巨大而深远影响的，值得人们学习、值得人们尊敬、值得人们传颂的人物。在这里时代不仅是一个时间概念，更多的是指能影响人的意识的所有政治、经济、文化等客观环境。"时代楷模"也是对这样一种榜样人物的崇高评价。"时代楷模"荣誉称号是由中宣部集中组织宣传的全国重大先进典型。时代楷模充分体现了"爱国、敬业、诚信、友善"的价值准则，充分体现了中华传统美德，是具有先进性、代表性、时代性和典型性的先进人物。时代楷模事迹厚重感人，道德情操高尚，影响广泛深远。

案例：最近一个时期，张丽莉、吴斌、高铁成等一个又一个英雄人物接连涌现、灿若群星，在中华大地人们广为传颂，在人民群众中引起了强烈反响。他们用自己的爱心和善行，用自己的坚守和执着，在危急时刻做出了英雄壮举，在生死关头展现了人间大爱，感动了全社会，感动了全中国。他们被誉为"最美教师""最美司机""最美卫士"，是"最美的中国人"。他们的"美"，美在爱心、美在善良、美在奉献，体现了当代社会的道德高度，不愧为当今中国的"时代楷模"。他们的先进事迹和高尚品德，植根于中华民族深厚的道德积淀，植根于中国特色社会主义伟大事业的实践沃土，是雷锋精神的接力传承，是社会主义核心价值体系的生动诠释，是我国社会思想道德主流的真实写照。

伟大的时代呼唤伟大的精神，崇高的事业需要崇高的追求。当前，我国已进入全面建成小康社会的关键时期和深化改革开放、加快转变经济发展方式的攻坚时期，推动科学发展、促进社会和谐，迫切需要大力弘扬社会主义核心价值体系，大力弘扬模范人物的崇高精神，巩固全党全国各族人民团结奋斗的思想道德基础。

案例：其美多吉是中国邮政集团公司四川省甘孜县邮政分公司邮车驾驶员，承担着川藏邮路甘孜到德格段的邮运任务。他爱岗敬业，30年如一日，驾驶邮车在平均海拔3 500米的雪线邮路上运送邮件，累计行驶里程140多万千米，没有发生一起责任事故。他意志坚强，遭遇歹徒袭击时挺身而出，用鲜血和生命守护邮件安全，身负重伤后坚持康复锻炼，以坚韧的毅力重新走上工作岗位。他珍爱团结，以螺丝钉精神工作在川藏线上，将来自党中央的声音、祖国四面八方的邮件送往雪域的各个角落，用真情奉献，为促进藏区经济社会发展做出了积极贡献，被群众誉为"雪线邮路的幸福使者"。

其美多吉的先进事迹被宣传报道后，在社会上引起强烈反响。广大干部群众认为，其美多吉是基层一线职工的杰出代表，是维护民族团结的先进模范，是美好生活的创造者、守护者。他扎根雪域高原、坚守雪线邮路的先进事迹，有力弘扬了爱国奉献精神，展现了新时代奋斗者努力奔跑、追梦圆梦的良好风貌，使"老西藏"精神、"两路精神"在新时代焕发出新的风采。参加发布活动的一线职工代表和民族地区党员干部代表纷纷表示，要深入学习贯彻习近平新时代中国特色社会主义思想，以"时代楷模"其美多吉为榜样，忠于使命，履行职责，立足岗位，奉献人民，维护团结，推动发展，以更加昂扬的精神状态和奋斗姿态，奋进新时代、开拓新征程。

2019年1月25日，中共中央宣传部向全社会发布其美多吉的先进事迹，授予他"时代楷模"称号。

向时代楷模学习，就要学习他们热爱祖国、热爱人民的思想境界；学习他们乐于助人、无私奉献的高尚品格；学习他们立足平凡、追求崇高的美好情怀；学习他们爱岗敬业、忠于职守的职业精神。我们的时代是英雄辈出的时代，每一位时代楷模就是一面鲜艳的旗帜。发挥好时代楷模的示范引领作用，是培育文明新风的时代要求，是推进社会主义核心价值体系建设的重要途径。

二、"我"的故事——讲出中国心、报国行

1. 为民族复兴而读书

实现中华民族伟大复兴是全中国人民的共同梦想，需要汇聚全体中国人民的智慧和力量。青少年作为国家未来的主人，应该积极投入实现中国梦的伟大实践中，坚持走中国道路，弘扬中国精神，凝聚中国力量，用实干托起共同的梦。

青少年正处在学习知识的黄金时期，应该抓紧时间，克服一切困难，勤奋学习现代科学知识，博览古今中外经典。

案例：洪战辉，感动中国十大新闻人物，第十七届中国十大杰出青年。1994年，洪战辉的父亲突发间歇性精神病，造成妻子受伤骨折，女儿意外死亡，家里欠下巨债。随后，父亲又捡来了一个和女儿年龄相仿的女婴。面对沉重的家庭负担，母亲离家出走了。年仅13岁的洪战辉默默地挑起了伺候患病父亲、照顾年幼弟弟、抚养捡来妹妹的家庭重担。这副重担，对于成年人来说尚且不易，何况一个13岁的孩子！但洪战辉没有退缩，一挑就是12年。为了挣钱养家，他像大人一样，做小生意，打零工，拾荒，种地。他利用课余时间卖

笔、书、磁带、鞋袜，在学校附近的餐馆做杂工，周末赶回家浇灌 8 亩麦地。在兼顾学业和谋生之时，他牺牲了几乎所有的休息时间。为了带好捡来的妹妹，洪战辉费尽心血。每天晚上，他都让妹妹睡在内侧，以防父亲突然发病伤及妹妹。妹妹经常尿湿床单、被子，他就睡在尿湿的地方，用体温把湿处暖干。从高中到大学，他将妹妹一直带在身边，每天都保证妹妹有一瓶牛奶和一个鸡蛋，自己却常常啃方便面。在怀化念大学的日子里，他安排妹妹上了小学，每天不管学习多忙，都坚持接送妹妹，辅导妹妹功课。为了治好父亲的病，洪战辉也是吃尽苦头。

1997 年 7 月，洪战辉初中毕业，成为东夏镇中学考上河南省重点高中西华一高的 3 名学生之一。

"我要挣钱读书，我要养家。"

"接到录取通知书时，我正收拾行李准备出去打工。"洪战辉对记者说，"我要去挣钱读书，我要养家。"

洪战辉又把妹妹带在身边，她也到了上学的年龄了，老师帮助她在附近找了所小学，妹妹也开始上学了。

"我不能倒下，我要考上大学，改变自己的命运。"

2003 年 6 月，断断续续读了 5 年高中的洪战辉，终于迈进了高考考场。

"也许，那时没人理解为何我能断断续续读 5 年高中而不放弃学业。5 年中，停学挣钱一年，5 年中我晕倒过 16 次，但每一次都站了起来！"洪战辉说，"5 年中我从没接受过一次捐款，但当我做小生意卖书时，班里的同学几乎把所有的生活费都借给了我！"洪战辉很是自豪和感动。

"我会牢牢记住帮助过我的人，我要帮助更多的人。"

高考成绩公布后，洪战辉以 490 分的成绩被湖南怀化学院录取。

从 12 岁起，担当起照顾妹妹和父亲的重任，为求学和照顾家人，一直打零工维持学业和生计的洪战辉说："我想告诉那些处于贫困中、挣扎中的人们，要保持一种平和的心态，不要怨天尤人，最主要的是要想想你怎么去改变你自己，用什么样的方式去改变你自己。"洪战辉高兴地说，考入大学后，每年春节回家，都能欣慰地看到久病的父亲病情大有好转；2004 年年底，母亲也感到愧疚，回到了久别的家中；在外漂流多年的弟弟现在也有了消息。他说："我作为普通人，还会一如既往地去做我该做的事情，去尽我该尽的义务和责任，平和、静心、无悔、无愧地走完这一生。"

当年，他是那个带着妹妹"小不点"读书的"80后"；那是代表一个时代的感动，激励了无数人。洪战辉是 2005 年感动中国十大新闻人物；是第十七届中国十大杰出青年；是全国道德模范……今天他是长沙市湘华职业中专的校长，已实现了他传道授业的梦想。洪战辉以创新勇气开道，用实际行动铺路，用自己的模范作用和独到的教学理念，一步步实现着自己的教育梦想。他代表着中国式的孺子牛精神，永远值得青年人学习。

2. 奉献社会，实现价值

实现人生价值，需要"博学"，也需要"笃行"。作为国家的未来建设者，青少年要关心国家，关心社会，积极投身于服务社会的公益活动，在身体力行的过程中使观念内化于心，学会担当社会责任。

案例：以下是某校组织的爱心义卖活动策划书。

一、活动主题

我们的心在行动——义卖。

二、活动的目的

1. 宣传"博爱超市"，从而让更多的同学参与到公益活动中。

2. 呼唤爱心，通过义卖的方式让爱播洒人间。

3. 用一个全新的角度展现集"美丽""才华""无私""奉献"于一体的电子信息工程全体成员的风采。

三、活动意义

1. 帮助别人，快乐自己；赠人玫瑰，手留余香。

2. 扶贫救困，片片爱心；净化心灵，升华人格！

3. 让我们的校园里爱心流动；让我们的校园里真情传递；让我们的校园里到处洋溢感恩的气息。

四、主办单位

××××团支部

五、活动时间

××××年×月×日至××××年×月×日

六、活动地点

1. 宿舍楼走廊。

2. 各个食堂门口。

七、活动前期准备

1. ×月×日

A. 由电子 0893 班×××负责完成宣传单的设计，并将材料粘贴于各宿舍楼的通知栏处。

B. 由电子 0891 团支部负责活动所需的桌椅（6 张桌子、12 把椅子）的借用。

2. ×月××日

A. 由各支部团支书负责统计参与本次活动的人数，并确定具体名单及联系方式，统一汇总于电子 0891 班×××处。

B. 由电子 0893 班×××、×××负责到博爱超市收集有关资料并整理后交于电子 0892 班×××处。

C. 由电子 0891 团支部负责准备活动中所需要的宣

传横幅（内容为此次活动的名称）。

3. ×月××日

A. 由电子0892团支部负责准备简易宣传资料若干（用于活动中分发于路人等）。

B. 由电子0891班陈钊恒负责将所有成员分为6组，并打印出具体名单安排，各组长人手一份。

C. 各团支书负责通知其支部参加活动的成员活动注意事项，并具体说明活动如何进行。

D. 各小组规划好其组人员在活动中的安排（如宣传单的分发人员，物品的收集人员和整理人员等）。

八、活动流程

1. ×月××日

A. 由电子0892团支部负责申请活动场地（包括申请××日活动的场地）。

B. 3：30—3：50，各小组组长安排人员（3名）准备好桌椅（由×××负责带领）

C. 3：50—4：00，各小组成员到齐，活动开始。

D. 4：00—6：00，分发宣传单并在收集捐赠物资的同时宣传博爱超市。

E. 6：00—6：20，整理好物品，由电子0892班负责汇总所有捐赠物资，由活动开始准备桌椅的同学负责归还（由×××负责清点确认），其余同学清理活动现场（各小组自行具体安排）。

2. ×月××日至×月××日

A. 由电子0891团支部负责设计义卖活动标志并制作（如可做小纸片贴于衣服等）。

B. 由电子0892团支部负责管理归类所收集到的所有捐赠物资。

3. ×月××日

A. 9：20—9：30，各团支书清点其支部参与活动成员人数，确定所有人的到位情况。

B. 9：30—10：00，以各团支部为单位分别在×××食堂、万人食堂、西苑餐厅布置好现场（摆好桌椅及义卖物品，将博爱超市的照片资料等粘贴于单色布上等）。

C. 10：30—13：00，活动开始并在义卖的过程中宣传博爱超市。

D. 13：00—13：20，活动结束，各支部组织安排好清理活动现场。

E. 13：30全体参加活动的成员合影。

九、活动结束

1. 由三个支部的生活委员统计活动中的总开支以及义卖资金清点。

2. 清点义卖所剩物品，由电子0892支部负责送到博爱超市。

3. 活动所得都捐献给孤儿院的孩子们。

4. 各支部做好关于活动的总结。

十、注意事项

1. 每位参与活动的成员必须事先确定在安排的活动时间内有空，否则可能会影响活动。

2. 如果有同学在活动期间有特殊情况需要离开，须向组长说明原因，经同意后方可离开。

3. 整个活动中大家要注意环保问题。

4. 活动过程中每位成员应注意保管好自己的贵重物品，如钥匙、电话、钱包等。

5. 活动过程中每位成员要注意保持良好的形象，各组组长负责监督提醒。

6. 活动中所有的开支必须有发票证明，并统一把发票交于各支部生活委员处。

7. 活动过程中不提供水以及食物，如有需要请参与活动的成员自备。

8. ×月××日的活动中，中午的午餐请参与活动的成员错开时间进行。

9. ×月××日的活动中，各团支书安排好义卖情况记录人员1名，收银人员1名，拍照人员1名，其余人员负责义卖以及宣传。

10. 各支部提前定好义卖的价格。

11. ×月××日的活动中，各支部可准备小本，记下对本活动的建议和希望等。

十一、资金预算

打印传单：100（元）＋横幅 80（元）＝180（元）

十二、参与人员

总负责人：×××

×××

×××

各小组组长：

第一组：×××

第二组：×××

第三组：×××

第四组：×××

第五组：×××

第六组：×××

×××团支部

××××年×月×日

第三节　打好文化底色，弘扬优秀传统文化

文化是一个民族区别于其他民族的重要标识，是民族发展的灵魂

与血脉。中华优秀传统文化具有深远的历史和广泛的现实基础，是中华民族屹立于世界民族之林最突出的优势，也是中华民族得以永恒发展流传的稳固支柱。习近平总书记在"七一"重要讲话中提出了"文化自信"，强调"文化自信"就是要增强做中国人的骨气和底气。为了更好地继承和发扬中华优秀传统文化，提升年轻人的文化自信，在进行思想政治教育过程中灌输文化认同，弘扬优秀传统文化具有重要作用。

在浩瀚悠久的历史长河中，中国人创造了底蕴深厚的传统文化，为中华民族永续发展留下了宝贵的精神财富；在如火如荼的现代化建设进程中，各族人民齐心协力推进中国特色社会主义事业发展，凝聚形成了伟大的抗震救灾精神、敢为人先的改革创新精神、崇法尚法的法治精神等，彰显了社会主义先进文化的时代内涵。

一、承继博大精深的传统文化

中华民族在几千年历史中，创造和延续了中华优秀传统文化，它是中华民族的根和魂。中华优秀传统文化博大精深、底蕴厚重，积淀着中华民族最深沉的精神追求，包含着中华民族最根本的精神基因，代表着中华民族最独特的精神标识，是中华民族的精神家园和根基命脉。

1. 传统文化博大精深

在中华民族几千年的历史长河中，传统文化源远流长，博大精深，其讲仁爱、重民本、守诚信、崇正义、尚和合、求大同等核心思想，自强不息、敬业乐群、扶危济困、见义勇为、孝老爱亲等传统美德，和而不同、文以载道、形神兼备、中和泰和等人文精神，在今天仍具有很大的文化价值和蓬勃的生命力，是一笔宝贵的精神文化资源。挖掘中华传统文化中的优秀价值资源，赋予其当代社会的视野和话语表达，将会给今天的青少年文化价值观教育提供丰富的历史素材。

独具特色的语言文字，浩如烟海的文化典籍，饮誉世界的科技工艺，精彩纷呈的文学艺术，充满智慧的哲学思想，完备细致的道德伦理，这些优秀传统文化是我们日常生活的深厚根基，为我们每个人的成长提供着丰富的资源和精神营养，为道德与法治学科的教学提供着取之不尽、用之不竭的文化素材。

案例：吉林省长春市东北师大附中明珠学校道德与法治学科教师李忠强在参加全国优质课大赛中，以优秀传统文化为教学内容，以张择端的《清明上河图》为主线，带领学生走进优秀传统文化，感受传统文化的魅力，增强学生的文化认同。以下为李忠强老师的简易说课稿。

1. 课标与教材要旨

课标是教材的灵魂，"感受个人情感与民族文化之间的关系，提高文化认同感，了解传统美德"提醒我们：源远流长、博大精深的中华文化，其力量深深熔铸在民族的生命力、创造力、凝聚力中。本框内容既是对八年级交往文化的深化，又是对本册书第八课投身精神文明建设的铺垫。

2. 生本分析

学生们是怎么认识中华文化的呢？是已经形成对中华文化的正确认识，还是处于盲从、漠视或混乱状态？

九年级的学生正值"三观"形成的重要时期，文化多元化的现状，导致有的孩子盲从外来文化、漠视民族文化，价值取向混乱，故而引导学生体悟中华文化，强化学生对民族文化的认同感，进而化为实际行动实为迫切之需。

3. 目标定位

情感、态度与价值观目标：感受中华文化的魅力；增强民族文化的归属感和认同感，从而使学生更喜欢自己的民族文化，并心怀敬仰，愿意去了解、学习和弘扬她。

能力目标：在师生交往、分享、探究和思辨的过程中，提高学生感受文化和展示文化的能力。

知识目标：知道中华文化的组成、特点、地位和影响；了解传统美德的内容及品质。

4. 教学重点、难点及学法突破

中华文化的特点和中华传统美德的德育渗透是本课的教学重点。突破方法是：我采用情境教学法对实物《清明上河图》进行赏析，聚焦虹桥全图高潮一段，以故事激趣，古今对应，德育渗透，达到水到渠成的目的。

中华文化的地位和影响是本课的教学难点。突破方法是：我以《清明上河图》切入，小组讨论"我与文化，家乡与文化，国家与文化，世界与文化"四个维度，感知与体验中华文化之深远影响。

5. 学习环节

第一环节：设悬引趣，激情导课。

教师按照卷轴—猜测—展示—震撼—文化的呈现顺序，先出示《清明上河图》的卷轴，让学生猜测作品可能是什么，然后展示卷轴内容，揭晓谜底，师生在震撼中共同走进底蕴厚重的中华文化，导入新课。

第二环节：自主探究，情境交融。

请学生以小小文化鉴赏家的身份，从文化的任意角度品析《清明上河图》是怎样展示中华文化的。

张择端用神来之笔为我们展示了源远流长且博大精深的中华文化，多才多艺的同学们可以用什么方式展示你的才艺呢？

由远图到近景，由传统到今天，由教师主导到学生主体，情境交融，师生共享。

第三环节：因势利导，德育渗透。

第四环节：讨论辨析，升华情感。

通过"剖析被困的船只""详细讲解惊驴图""结合日常生活实例探讨：'和'文化演变与展示"等环节处

理，向学生渗透中华优秀传统文化中"尚和合"思想的古代意义和当代价值。

第五环节：教学反思。

教学反思是弥补课堂遗憾的一种教师自觉，道德与法治课应是思维与思维的对接，思想与思想的碰撞，情感与情感的交流。

教师应力求使学生在课堂上享受思维之美，这才是道德与法治课真正的教学之美。学生也才能在这样的课堂里，得到精神的沐浴和洗礼。

2. 增强对传统文化的认同

文化认同直接表征着民族成员个人或群体对所属国家和民族文化的积极态度和充分肯定，标志着对国家和民族文化的价值取向认同和身份认同。

增强初中生对中华优秀传统文化的认同意义重大。习近平总书记在十九大报告中强调"少年强则国强"。初中生目前正处于价值观念形成的阶段，如今他们可能对古老的、遥远的优秀文化精华不感兴趣，将学习我国的传统文化当作一种负担，似乎更愿意接受西方文化的渗透，所以在初中阶段的教学中进行传统文化教育已是刻不容缓的事情。

文化软实力是未来综合国力竞争的主要趋势。中华优秀传统文化是我们最深厚的文化软实力，是我们在世界文化激荡中站稳脚跟的根基。习近平总书记在中共中央政治局第十八次集体学习时指出："要对传统文化的研究重视起来，并且继承与发扬中华民族的传统文化。从而实现中华民族的伟大复兴。要想实现中国梦，就必须具有中国精神，而中国精神必须在坚持社会主义核心价值体系的前提下，深入了解中华民族丰富的精神世界，将我们中华民族长时间以来形成的积极向上的思想文化继承与弘扬起来，使之为培育和践行社会主义核心价值观服务，为建设社会主义先进文化服务，为党和国家事业发展服务。"道德与法治学科中的"道德"部分教学内容与传统文化教育密切相关，道德与法治学科教师应当把传承中华民族传统文化当作一种责任，引导学生正确对待传统文化并且使之产生一定的兴趣。

案例：东北师大附中明珠校区道德与法治学科组对国家课程进行校本化改造。他们以泱泱中华礼仪之邦为文化背景，与道德与法治学科礼仪部分教学内容整合，开设了《中学生礼仪修炼堂》校本课程。以下为该校《中学生礼仪修炼堂》校本课的开题报告。

《中学生礼仪训练校本课开发与实践研究》开题报告

东北师大附中明珠学校道德与法治学科组

一、本课题研究现状述评

在国内，越来越多的人开始重视礼仪在学生个人发展和学校管理方面的重要意义。日前，浙江一学校开"淑女课"，培养在校女生气质。武汉某高校开设"大学淑女班"，量身"定制"未来淑女。在中小学，国内普遍采取的礼仪教育模式还是运用德育课程，通过小学

《品德与生活》《品德与社会》、初中《道德与法治》和高中《思想政治》等涉及文明礼仪的课程内容进行教学。真正有魄力将"礼仪课"单独提炼出来必修或选修的学校还属少数。

二、本课题价值：理论意义和应用价值，创新程度

（一）理论意义和应用价值

对中学生进行文明礼仪教育和训练具有深远的历史意义和现实意义。

1. 理论意义

中华民族素以文明古国、礼仪之邦著称于世，礼仪文化源远流长，有着丰富而宝贵的礼仪文化遗产，对学生开展文明礼仪教育和训练有益于弘扬我国优良的礼仪文化传统。

2. 应用意义

礼仪训练为中学生未来发展奠定基础。青少年时期是人生社会化的关键时期，教育学生学会做人、学会待人接物和立身处世是十分必要的。为人处事是青少年人生最关键的一门功课。要通过对青少年学生进行礼仪教育和训练，教会他们为人处事的一般原则，培养他们乐观、豁达、健康的心理素质，引导他们学会尊重别人，培养善于合作、热心参与、善于交往的能力，提高他们的人文素质，为他们将来走向社会更好地发挥才能，拥有更多的成功机会奠定基础。

（二）创新之处

1. 礼仪生选拔方式的创新。遵循自愿报名、班主任推荐、思想品德教师推荐相结合的多重选拔方式，保证礼仪生生源的质量。

2. 礼仪生授课方式的创新。打破国内传统嵌入式礼仪学习的方式，走出班级教师，进入专业训练教室。以学生礼仪的实际学习为主，以礼仪理论知识介绍为辅，突出实际操作环节。在此，要感谢学校全力支持，为我们提供"礼行天下"这么好的场所。

三、本课题所要解决的主要问题、研究的主要内容

（一）礼仪实践

1. 基础礼仪训练一——坐姿

2. 基础礼仪训练二——行姿

3. 基础礼仪训练——微笑

4. 校园日常礼仪训练

5. 庆典礼仪训练

6. 迎宾礼仪训练

7. 接待礼仪训练

（二）礼仪课程教材

· 必修部分

第一课 课堂礼仪

第二课 校园礼仪

第三课 个人仪表礼仪（一）——举止礼仪

第四课 个人仪表礼仪（二）——着装礼仪

第五课 交往礼仪

第六课 公共场所礼仪

• 选修部分

第一课 节日礼仪

第二课 餐饮礼仪（一）——中餐礼仪

第三课 餐饮礼仪（二）——西餐礼仪

第四课 馈赠礼仪

第五课 特殊场合礼仪

• 专业训练部分

第一课 走进礼仪修炼堂

第二课 打造完美的第一印象（一）——基本行为举止训练

第三课 打造完美的第一印象（二）——基本行为举止训练

第四课 迎来送往礼仪规范（一）——迎送行为举止训练

第五课 迎来送往礼仪规范（二）——迎送行为举止训练

第六课 盛大场合礼仪规范（一）——会议礼仪接待训练

第七课 盛大场合礼仪规范（二）——庆典礼仪接待训练

四、本课题的研究方法和思路

（一）研究方法

1. 情境模拟法：创设不同情境，让学员学以致用，将所学礼仪知识内化为生活中的礼仪举止。

2. 文献法：通过阅读书籍、杂志、报纸、网络等途径，收集目前国内礼仪训练的资料，并进行分类总结，形成文献综述，掌握国内外相关课题的研究现状。

3. 观察法：贯穿整个研究过程，是最重要的研究方法之一。在礼仪修炼的实际操作过程中，观察每一位成员的点滴进步。

（二）研究思路

1. 确定研究范围——礼仪方队，现方队成员共32人。

2. 在训练过程中收集整理资料。

3. 汇总相关数据或信息，给出合理结论。

对初中生进行中华优秀传统文化教育，是培育和发展中华民族精神最为重要的途径，也是实现中国特色社会主义和谐社会事业建设的希望。

二、弘扬与时俱进的先进文化

社会主义先进文化是中国特色社会主义的重要组成部分。它形成于社会主义革命和建设时期，丰富发展于中国特色社会主义伟大实践，代表着时代进步潮流和历史发展方向，是新时代我国各族人民的精神支撑、思想基础，是新时代文化发展的源头活水。

当今时代发展社会主义先进文化具有现实的迫切性，一方面是抵制和抗击外部敌对势力文化渗透的需要，另一方面也是满足人民群众日益增长的精神文化需求，并使中华文化在多元文化激荡中走向世界的需要。

1. 先进文化与时俱进

社会主义先进文化也有许多鲜明标志。包括全心全意为人民服务的雷锋精神，"宁可少活 20 年，拼命也要拿下大油田"的铁人精神；无私奉献、鞠躬尽瘁的焦裕禄精神；"热爱祖国、无私奉献，自力更生、艰苦奋斗，大力协同、勇于攀登"的"两弹一星"精神；"特别能吃苦，特别能战斗，特别能攻关，特别能奉献"的载人航天精神；"自强不息、顽强拼搏，万众一心、同舟共济，自力更生、艰苦奋斗"的抗震救灾精神，这些都是社会主义先进文化的精髓。同时，在改革开放的历史进程中，我们海纳百川，也主动吸收借鉴西方的先进文化，使中国特色社会主义文化更加富有生机活力。

社会主义先进文化具有与时俱进的特点。民族优秀传统文化要想在新时代得到新的发展，也必须用当代中国特色社会主义的科学观点和科学方法来升华自己，从而实现创新性发展和创造性转化。以中华优秀传统文化与社会主义核心价值观的关系为例：中华优秀传统文化是涵养社会主义核心价值观的重要源泉，社会主义核心价值观是对中华优秀传统文化的继承和发展。由此可见，中华优秀传统文化所蕴含的价值观和价值体系在与当代中国特色社会主义实践相结合的过程中，升华成为中国特色社会主义先进文化的价值观和价值体系。具体表现为在对中华优秀传统文化继承和发展的基础上，以马克思主义为指导，充分吸收世界其他文明的有益成果，并与新时代中国特色社会主义实践相结合，形成国家、社会和个人的价值标准和价值体系。

社会主义先进文化是面向现代化、面向世界、面向未来的，民族的、科学的、大众的文化。弘扬与时俱进的社会主义先进文化，有助于增强中华民族文化软实力。文化软实力强不强，表现在中国特色社会主义文化优势能不能得到世界认可，外国人怎么看今天的中国人，怎么认识中国人的精神面貌。

习近平总书记指出，提高国家文化软实力，关系我国在世界文化格局中的定位，关系我国国际地位和国际影响力，关系"两个一百年"奋斗目标和中华民族伟大复兴的中国梦的实现。没有中华文化的伟大复兴，就没有中华民族的伟大复兴。中华文化的伟大复兴不是回归传统文化，不是把孔夫子请回来，而是在传统文化旧枝上发出中国特色社会主义文化的新芽。

2. 增强国家文化软实力

文化自信是一个国家、民族及其人民对自身文化价值的充分肯定与积极践行。没有高度的文化自信，没有文化的繁荣兴盛，就没有中华民族伟大复兴。文化自信是一个国家、一个民族发展中更基本、更深沉、更持久的力量。坚定文化自信，无疑能为实现中华民族伟大复兴提供强大的精神支撑。在十九大报告中，习近平总书记更是六次提及"文化自信"，并在报告的第七部分从五个方面详细论述了新时代如何"坚定文化自信，推动社会主义文化繁荣兴盛"。

社会主义先进文化是引领新时代文化自信的灵魂。在社会主义先进文化的引领下，我们通过短短几十年的社会主义现代化建设，开辟了中国道路，找到了中国模式，创造了中国奇迹。历史与实践证明，社会主义先进文化是一种有生命力的文化，体现了人类社会文明发展方向与趋势。

社会主义核心价值观是国家文化软实力建设的基础与核心，是加强思想道德建设、抵御腐朽文化侵蚀的有力思想武器，是习近平文化自信思想的精神之魂。

案例：习近平总书记一向重视青年对社会主义核心价值观的践行。以下是习总书记在北京大学师生座谈会上的讲话稿。

青年要自觉践行社会主义核心价值观
——在北京大学师生座谈会上的讲话
（2014 年 5 月 4 日）
习近平

各位同学，各位老师，同志们：

今天是五四青年节，很高兴来到北京大学同大家见面，共同纪念五四运动 95 周年。首先，我代表党中央，向北京大学全体师生员工，向全国各族青年，致以节日的问候！向全国广大教育工作者和青年工作者，致以崇高的敬意！

刚才，朱善璐同志汇报了学校工作情况，几位同学、青年教师分别作了发言，大家讲得都很好，听后很受启发。这是我到中央工作以后第五次到北大，每次来都有新的体会。在洋溢着青春活力的校园里一路走来，触景生情，颇多感慨。我感到，当代大学生是可爱、可信、可贵、可为的。

五四运动形成了爱国、进步、民主、科学的五四精神，拉开了中国新民主主义革命的序幕，促进了马克思主义在中国的传播，推动了中国共产党的建立。五四运动以来，在中国共产党领导下，一代又一代有志青年"以青春之我，创建青春之家庭，青春之国家，青春之民族，青春之人类，青春之地球，青春之宇宙"，在救亡图存、振兴中华的历史洪流中谱写了一曲曲感天动地的青春乐章。

北京大学是新文化运动的中心和五四运动的策源地，是这段光荣历史的见证者。长期以来，北京大学广大师生始终与祖国和人民共命运、与时代和社会同前进，在各条战线上为我国革命、建设、改革事业作出了重要贡献。

党的十八大提出了"两个一百年"奋斗目标。我说过，现在，我们比历史上任何时期都更接近实现中华民族伟大复兴的目标，比历史上任何时期都更有信心、更有能力实现这个目标。

行百里者半九十。距离实现中华民族伟大复兴的目标越近，我们越不能懈怠、越要加倍努力，越要动员广大青年为之奋斗。

光阴荏苒，物换星移。时间之河川流不息，每一代青年都有自己的际遇和机缘，都要在自己所处的时代条件下谋划人生、创造历史。青年是标志时代的最灵敏的晴雨表，时代的责任赋予青年，时代的光荣属于青年。

广大青年对五四运动的最好纪念，就是在党的领导下，勇做走在时代前列的奋进者、开拓者、奉献者，以执着的信念、优良的品德、丰富的知识、过硬的本领，同全国各族人民一道，担负起历史重任，让五四精神放射出更加夺目的时代光芒。

同学们、老师们！

大学是一个研究学问、探索真理的地方，借此机会，我想就社会主义核心价值观问题，同各位同学和老师交流交流想法。

我想讲这个问题，是从弘扬五四精神联想到的。五四精神体现了中国人民和中华民族近代以来追求的先进价值观。爱国、进步、民主、科学，都是我们今天依然应该坚守和践行的核心价值，不仅广大青年要坚守和践行，全社会都要坚守和践行。

人类社会发展的历史表明，对一个民族、一个国家来说，最持久、最深层的力量是全社会共同认可的核心价值观。核心价值观，承载着一个民族、一个国家的精神追求，体现着一个社会评判是非曲直的价值标准。

古人说："大学之道，在明明德，在亲民，在止于至善。"核心价值观，其实就是一种德，既是个人的德，也是一种大德，就是国家的德、社会的德。国无德不兴，人无德不立。如果一个民族、一个国家没有共同的核心价值观，莫衷一是，行无依归，那这个民族、这个国家就无法前进。这样的情形，在我国历史上，在当今世界上，都屡见不鲜。

我国是一个有着 13 亿多人口、56 个民族的大国，确立反映全国各族人民共同认同的价值观"最大公约数"，使全体人民同心同德、团结奋进，关乎国家前途命运，关乎人民幸福安康。

每个时代都有每个时代的精神，每个时代都有每个时代的价值观念。国有四维，礼义廉耻，"四维不张，国乃灭亡"。这是中国先人对当时核心价值观的认识。在当代中国，我们的民族、我们的国家应该坚守什么样的核心价值观？这个问题，是一个理论问题，也是一个实践问题。经过反复征求意见，综合各方面认识，我们提出要倡导富强、民主、文明、和谐，倡导自由、平等、公正、法治，倡导爱国、敬业、诚信、友善，积极培育和践行社会主义核心价值观。富强、民主、文明、和谐是国家层面的价值要求，自由、平等、公正、法治是社会层面的价值要求，爱国、敬业、诚信、友善是公民层面的价值要求。这个概括，实际上回答了我们要建设什么样的国家、建设什么样的社会、培育什么样的公民的重大问题。

中国古代历来讲格物致知、诚意正心、修身齐家、治国平天下。从某种角度看，格物致知、诚意正心、修身是个人层面的要求，齐家是社会层面的要求，治国平天下是国家层面的要求。我们提出的社会主义核心价值观，把涉及国家、社会、公民的价值要求融为一体，既体现了社会主义本质要求，继承了中华优秀传统文化，也吸收了世界文明有益成果，体现了时代精神。

富强、民主、文明、和谐，自由、平等、公正、法治，爱国、敬业、诚信、友善，传承着中国优秀传统文化的基因，寄托着近代以来中国人民上下求索、历经千辛万苦确立的理想和信念，也承载着我们每个人的美好愿景。我们要在全社会牢固树立社会主义核心价值观，全体人民一起努力，通过持之以恒的奋斗，把我们的国家建设得更加富强、更加民主、更加文明、更加和谐、更加美丽，让中华民族以更加自信、更加自强的姿态屹立于世界民族之林。

建设富强民主文明和谐的社会主义现代化国家，实现中华民族伟大复兴，是鸦片战争以来中国人民最伟大的梦想，是中华民族的最高利益和根本利益。今天，我们13亿多人的一切奋斗归根到底都是为了实现这一伟大目标。中国曾经是世界上的经济强国，后来在世界工业革命如火如荼、人类社会发生深刻变革的时期，中国丧失了与世界同进步的历史机遇，落到了被动挨打的境地。尤其是鸦片战争之后，中华民族更是陷入积贫积弱、任人宰割的悲惨状况。这段历史悲剧决不能重演！建设富强民主文明和谐的社会主义现代化国家，是我们的目标，也是我们的责任，是我们对中华民族的责任，对前人的责任，对后人的责任。我们要保持战略定力和坚定信念，坚定不移走自己的路，朝着自己的目标前进。

中国已经发展起来了，我们不认可"国强必霸"的逻辑，坚持走和平发展道路，但中华民族被外族任意欺凌的时代已经一去不复返了！为什么我们现在有这样的底气？就是因为我们的国家发展起来了。现在，中国的国际地位不断提高、国际影响力不断扩大，这是中国人民用自己的百年奋斗赢得的尊敬。想想近代以来中国丧权辱国、外国人在中国横行霸道的悲惨历史，真是形成了鲜明对照！

中华文明绵延数千年，有其独特的价值体系。中华优秀传统文化已经成为中华民族的基因，植根在中国人内心，潜移默化影响着中国人的思想方式和行为方式。今天，我们提倡和弘扬社会主义核心价值观，必须从中汲取丰富营养，否则就不会有生命力和影响力。比如，中华文化强调"民惟邦本""天人合一""和而不同"，强调"天行健，君子以自强不息""大道之行也，天下为公"；强调"天下兴亡，匹夫有责"，主张以德治国、以文化人；强调"君子喻于义""君子坦荡荡""君子义以为质"；强调"言必信，行必果""人而无信，不知其可也"；强调"德不孤，必有邻""仁者爱人""与人为善""己所不欲，勿施于人""出入相友，守望相助"、"老吾老以及人之老，幼吾幼以及人之幼""扶贫济困""不患寡而患不均"，等等。像这样的思想和理念，不论过去还是现在，都有其鲜明的民族特色，都有其永不褪色的时代价值。这些思想和理念，既随着时间推移和时代变迁而不断与时俱进，又有其自身的连续性和稳定性。我们生而为中国人，最根本的是我们有中国人的独特精神世界，有百姓日用而不觉的价值观。我们提倡的社会主义核心价值观，就充分体现了对中华优秀传统文化的传承和升华。

价值观是人类在认识、改造自然和社会的过程中产生与发挥作用的。不同民族、不同国家由于其自然条件和发展历程不同，产生和形成的核心价值观也各有特点。一个民族、一个国家的核心价值观必须同这个民族、这个国家的历史文化相契合，同这个民族、这个国家的人民正在进行的奋斗相结合，同这个民族、这个国家需要解决的时代问题相适应。世界上没有两片完全相同的树叶。一个民族、一个国家，必须知道自己是谁，是从哪里来的，要到哪里去，想明白了、想对了，就要坚定不移朝着目标前进。

去年12月26日，我在纪念毛泽东同志诞辰120周年座谈会上讲话时说：站立在960万平方千米的广袤土地上，吸吮着中华民族漫长奋斗积累的文化养分，拥有13亿中国人民聚合的磅礴之力，我们走自己的路，具有无比广阔的舞台，具有无比深厚的历史底蕴，具有无比强大的前进定力。中国人民应该有这个信心，每一个中国人都应该有这个信心。我们要虚心学习借鉴人类社会创造的一切文明成果，但我们不能数典忘祖，不能照抄照搬别国的发展模式，也绝不会接受任何外国颐指气使的说教。

我说这话的意思是，实现我们的发展目标，实现中国梦，必须增强道路自信、理论自信、制度自信，"千磨万击还坚劲，任尔东南西北风"。而这"三个自信"需要我们对核心价值观的认定作支撑。

我为什么要对青年讲讲社会主义核心价值观这个问题？是因为青年的价值取向决定了未来整个社会的价值取向，而青年又处在价值观形成和确立的时期，抓好这一时期的价值观养成十分重要。这就像穿衣服扣扣子一样，如果第一粒扣子扣错了，剩余的扣子都会扣错。人生的扣子从一开始就要扣好。"凿井者，起于三寸之坎，以就万仞之深。"青年要从现在做起、从自己做起，使社会主义核心价值观成为自己的基本遵循，并身体力行大力将其推广到全社会去。

广大青年树立和培育社会主义核心价值观，要在以下几点上下功夫。

一是要勤学，下得苦功夫，求得真学问。知识是树立核心价值观的重要基础。古希腊哲学家说，知识即美德。我国古人说："非学无以广才，非志无以成学。"大学的青春时光，人生只有一次，应该好好珍惜。为学之要贵在勤奋、贵在钻研、贵在有恒。鲁迅先生说过："哪里有天才，我是把别人喝咖啡的工夫都用在工作上的。"大学阶段，"恰同学少年，风华正茂"，有老师指点，有同学切磋，有浩瀚的书籍引路，可以心无旁骛求知问学。此时不努力，更待何时？要勤于学习、敏于求知，注重把所学知识内化于心，形成自己的见解，既要专攻博览，又要关心国家、关心人民、关心世界，学会担当社会责任。

二是要修德，加强道德修养，注重道德实践。"德者，本也。"蔡元培先生说过："若无德，则虽体魄智力发达，适足助其为恶。"道德之于个人、之于社会，都具有基础性意义，做人做事第一位的是崇德修身。这就是我们的用人标准为什么是德才兼备、以德为先，因为德是首要、是方向，一个人只有明大德、守公德、严私德，其才方能用得其所。修德，既要立意高远，又要立足平实。要立志报效祖国、服务人民，这是大德，养大德者方可成大业。同时，还得从做好小事、管好小节开始起步，"见善则迁，有过则改"，踏踏实实修好公德、私德，学会劳动、学会勤俭，学会感恩、学会助人，学会谦让、学会宽容，学会自省、学会自律。

三是要明辨，善于明辨是非，善于决断选择。"学而不思则罔，思而不学则殆。"是非明，方向清，路子正，人们付出的辛劳才能结出果实。面对世界的深刻复杂变化，面对信息时代各种思潮的相互激荡，面对纷繁多变、鱼龙混杂、泥沙俱下的社会现象，面对学业、情感、职业选择等多方面的考量，一时有些疑惑、彷徨、失落，是正常的人生经历。关键是要学会思考、善于分析、正确抉择，做到稳重自持、从容自信、坚定自励。要树立正确的世界观、人生观、价值观，掌握了这把总钥匙，再来看看社会万象、人生历程，一切是非、正误、主次，一切真假、善恶、美丑，自然就洞若观火、清澈明了，自然就能作出正确判断、作出正确选择。正所谓"千淘万漉虽辛苦，吹尽狂沙始到金"。

四是要笃实，扎扎实实干事，踏踏实实做人。道不可坐论，德不能空谈。于实处用力，从知行合一上下功夫，核心价值观才能内化为人们的精神追求，外化为人们的自觉行动。《礼记》中说："博学之，审问之，慎思之，明辨之，笃行之。"有人说："圣人是肯做工夫的庸人，庸人是不肯做工夫的圣人。"青年有着大好机遇，关键是要迈稳步子、夯实根基、久久为功。心浮气躁，朝三暮四，学一门丢一门，干一行弃一行，无论为学还是创业，都是最忌讳的。"天下难事，必作于易；天下大事，必作于细。"成功的背后，永远是艰辛努力。青年要把艰苦环境作为磨炼自己的机遇，把小事当作大事干，一步一个脚印往前走。滴水可以穿石。只要坚韧不拔、百折不挠，成功就一定在前方等你。

核心价值观的养成绝非一日之功，要坚持由易到难、由近及远，努力把核心价值观的要求变成日常的行为准则，进而形成自觉奉行的信念理念。不要顺利的时候，看山是山、看水是水，一遇挫折，就怀疑动摇，看山不是山、看水不是水了。无论什么时候，我们都要坚守在中国大地上形成和发展起来的社会主义核心价值观，在时代大潮中建功立业，成就自己的宝贵人生。

同学们、老师们！

党中央作出了建设世界一流大学的战略决策，我们要朝着这个目标坚定不移前进。办好中国的世界一流大学，必须有中国特色。没有特色，跟在他人后面亦步亦趋，依样画葫芦，是不可能办成功的。这里可以套用一句话，越是民族的越是世界的。世界上不会有第二个哈佛、牛津、斯坦福、麻省理工、剑桥，但会有第一个北大、清华、浙大、复旦、南大等中国著名学府。我们要认真吸收世界上先进的办学治学经验，更要遵循教育规律，扎根中国大地办大学。

鲁迅先生说："北大是常为新的，改进的运动的先锋，要使中国向着好的，往上的道路走。"党的十八届三中全会吹响了全面深化改革的号角，也对深化我国高等教育改革提出了明确要求。现在，关键是把蓝图一步步变为现实。全国高等院校要走在教育改革前列，紧紧围绕立德树人的根本任务，加快构建充满活力、富有效率、更加开放、有利于学校科学发展的体制机制，当好教育改革排头兵。我也希望北京大学通过埋头苦干和改革创新，早日实现几代北大人创建世界一流大学的梦想。

教师承担着最庄严、最神圣的使命。梅贻琦先生说："所谓大学者，非谓有大楼之谓也，有大师之谓也。"我体会，这样的大师，既是学问之师，又是品行之师。教师要时刻铭记教书育人的使命，甘当人梯，甘当铺路石，以人格魅力引导学生心灵，以学术造诣开启学生的智慧之门。

各级党委和政府要高度重视高校工作，始终关心和爱护学生成长，为他们放飞青春梦想、实现人生出彩搭建舞台。要全面深化改革，营造公平公正的社会环境，促进社会流动，不断激发广大青年的活力和创造力。要强化就业创业服务体系建设，支持帮助学生们迈好走向社会的第一步。各级领导干部要经常到学生们中去、同他们交朋友，听取他们的意见和建议。

现在在高校学习的大学生都是 20 岁左右，到 2020 年全面建成小康社会时，很多人还不到 30 岁；到本世纪中叶基本实现现代化时，很多人还不到 60 岁。也就是说，实现"两个一百年"奋斗目标，你们和千千万万青年将全过程参与。有信念、有梦想、有奋斗、有奉献的人生，才是有意义的人生。当代青年建功立业的舞台空前广阔、梦想成真的前景空前光明，希望大家努力在实现中国梦的伟大实践中创造自己的精彩人生。

我相信，当代中国青年一定能够担当起党和人民赋予的历史重任，在激扬青春、开拓人生、奉献社会的进程中书写无愧于时代的壮丽篇章！

社会主义核心价值观作为决定中国文化性质与方向的核心因子，为人们在不同文化观念、文化思潮、文化形态的交锋交融中坚定文化自信安装了思想保险。

第三章

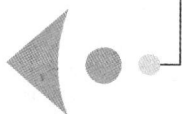

在有意义和有意思中激活课堂

　　道德与法治课教学做的是铸魂育人的工作，要以增强思想性、理论性为改革创新的根本。要在坚定理想信念、端正价值理念、涵养道德观念上下功夫，以透彻的学理分析回应学生，以彻底的思想理论说服学生，用真理的强大力量引导学生，不断增强学生的"四个自信"。推动道德与法治课改革创新，要着力增强课程的亲和力、针对性，努力打造学生想听爱学的"热门课"。

第一节 努力打造学生想听爱学的"热门课"

《爱与智慧的教育》一书中写道:"教师是白日梦的牧者,教育的本质意味着:一棵树摇动另一棵树,一朵云推动另一朵云,一个灵魂唤醒另一个灵魂……没有爱与智慧,就没有教育。"但在道德与法治课日常的教学中,我们却经常面临这样的尴尬,一个班级,真正喜欢学习道德与法治课的,对这一学科始终充满兴趣的学生并不是很多。这就使教师经常处于被动地位,或为知识所累,或为分数所累,甚至为课堂的枯燥无趣所累,教师教得无味,学生学得无趣。怎么办?我们必须思考怎样才能使自己的课堂充满魅力,高效而有趣,把道德与法治课打造成学生想听爱学的"热门课",我们冥思苦想,我们期待柳暗花明。

一、"活化"课堂,增强教学的趣味性

有句话说得好:"你可以把马儿拉到河边,却无法迫使它饮水。"学生坐在教室里并不等于就进入主动学习的状态。我们常说要提高课堂教学效率,保证 45 分钟真正有成效,首要的就是要增强课堂的趣味性。有这样一句话:"所有智力方面的工作都依赖于兴趣,兴趣是学生的第一位老师。"因此,我们在课堂教学中要想方设法激发学生的学习

兴趣，让道德与法治课"活"起来。

1. "活化"导入，吸睛聚焦课堂

正所谓"万事开头难"，良好的开端是成功的一半。一堂道德与法治课也同样如此，只要导入富含能量，入门吸睛，就能够为整堂课的成功奠定坚实基础。可喜的是，统编版道德与法治教材从内容的选择上，摒弃了以往晦涩难懂、枯燥无趣的说教，转而将知识点的分布更贴近学生的生活实际，为课堂教学提供了"活化"导入的有效模本。为此，根据教材特点、结合教学内容、依据学情实际，创设一个又一个灵活而又富含能量的导入情境，把学生的注意力聚焦课堂，成为我们要解决的首要问题。

实践中，由教师引导课堂设置的导入形式有很多，如复习导入、审题导入、悬念导入、故事导入、情境导入、游戏导入等多种导入方式。灵活的导入一方面可以激发学生的学习兴趣，另一方面又是整节课的良好开端。

某教师在讲授《维护宪法权威》一课时，直接板书标题，并由标题当中的"法"字的繁体写法"灋"字入手，引导学生探讨其意、层层分析。最后教师总结："灋"是"法"的古字，由氵、廌、去三部分组成，"氵"的意思是说执法要平之如水；"廌"，是中国古代传说中的神兽，据说它能辨别曲直，在审理案件时，它会用角去触理屈的人；"去"就是廌断案后将理屈的人去除。从字面分析来看，从古至今，法律在社会发展的进程中均发挥了不可替代的重要作用，而宪法更是我国的根本法，是治国安邦的总章程，我们又该如何看待宪法的权威性呢？这也是我们今天这节课的主题。

此教师在较短的时间内开门见山、突出主题，采用"猜字"法，以已知讲未知，让学生在教师递进式的层层引导下，比较容易地跟随教师思考的轨迹逐步破题，牢牢抓住学生思绪，引发学生的思考向深度和广度多维延伸，进而引出主题。

同样在讲授《维护宪法权威》一课，此教师在另一个班级授课时，根据这个班的学生特点，采用了更为直接形象的导入方式，即图片导入。在上课开始，直接给学生展示了古代象征法律的神兽"獬豸"，引导学生观看图片并适时进行提问："同学们，这幅图片展示的是古代的一种神兽，有同学知道它的名字吗？它代表什么，又有什么象征意义呢？"学生瞬间被图片吸引，并在教师设置的问题牵引下快速做出反应。结合学生的讨论和回答，教师进行了解释："它叫獬豸，又叫独角兽。在中国古代的法律文化中，獬豸一向被视为公平正义的象征，它怒目圆睁，能够辨善恶忠奸，发现奸邪的官员，就用角把他触倒，然后吃掉他肚子里的东西。当人们发生冲突或纠纷的时候，独角兽能用角指向无理的一方，甚至会将罪该处死的人用角抵死，令犯法者不寒而粟，自古以来被认为是驱害辟邪的吉祥瑞物。同学们，古代人们对于神兽寄予了法律的神圣不可侵犯，现今的我们同样要用严肃客观的态度来对待法律，让我们走进今天的话题《维护宪法权威》。"本节课的灵活导入增加了学生学习的趣味性，既拓展了学生的知识广度，又自然而然地过渡到本课内容，也突出了本课主题。

以上这名教师在两个班级的导入方法虽然略有不同，但其目的是相同的，即突出法律对于社会发展的重要性，及其公民对于法律应该持有的敬仰畏惧的态度，突出法律的神圣地位，最终都达到了突出主旨、引入主题的目的。

课堂导入的方法可以针对教学内容和学生的主体特点千变万化，运用多种方法导入，但无论采用哪一种导入方式，教师一定要做到"万变不离其宗"，即教师首先要确立"以学生发展为本"的思想，明确"一切方法的使用都是为了学生更好的发展"这一主旨；其次教师要根据主旨，在"实践－反思－再实践－再反思"的运用、改进、总结、积累下，找到最为高效灵活吸睛的导入方法。

2."活化"资讯，播报丰盈课堂

讲好一节课，教师不仅要具备优美的语言、渊博的知识、较强的课堂驾驭能力，而且要善于应用和搜集教学资源，以充盈课堂内容，拓宽学生视野，培养学生理论联系实际的能力。针对中学生学习任务繁重，对社会生活、国家大事关注度不高的现象，提倡道法教师精选能体现时代脉搏，倡导主流价值观的国家重大方针和政策，以新闻播报等丰富的教学形式将道德与法治教学与时政热点教育有机结合，有效地发挥学科优势。

　　某校教师在课前开展新闻播报活动。在教学活动开始前，教师给学生详细讲解新闻播报的重要性，并且对学生提出细致明确的要求，让学生明白自己需要做什么，怎么做，对学生的自学起到指导作用，并总结出新闻播报三步法：

　　第一步——收集整理。通过收集整理《人民日报》《中国教育报》《吉林日报》等报刊上的素材，也可以通过电视网络等媒体选择自己感兴趣的话题。只要是能对学生内心产生触动的，都可以成为同学们谈话的主题。要求学生按时间、地点、人物等记录新闻事件，言简意赅，50—150字之间即可。书写规范，最好图文并茂。

　　第二步——播报点评。利用课前两分钟时间，以小组为单位走上讲台有序播报，要求仪表端庄，声音洪亮，语言富有感情等。之后由老师或同学做适当的补充和点评，并将其表现纳入小组量化加分中，作为学生课堂表现的考核依据。

　　第三步——张贴保管。由专门负责的学生将小组制作的新闻稿张贴在班上固定的专栏里，并负责更新保管，一学期后进行简单的装订。这样有利于学生日常浏览和比较，使其成为班级文化建设的一部分。

教师通过形式多样的新闻播报，将学生自己的兴趣点、社会时政信息内化处理，通过语言、文字、绘画、幻灯片等形式表达出来，丰富了课堂信息储备，同时联系生活实际，进一步培养了学生关注社会、关注生活的主人翁意识。

如前所述，教师通过形式多样的新闻播报，将学生自己的兴趣点、社会时政信息进行内化处理，通过语言、文字、绘画、幻灯片等形式表达出来，丰富了课堂信息储备，同时联系生活实际，进一步培养了学生关注社会、关注生活的主人翁意识。

3. "活化"方法，百变特色课堂

教材本质上是对生活实践知识、实用知识的学习范本，但绝不应该成为学生背诵应对考试的工具。为了规避和改变以往教学中简单、肤浅、枯燥的教学方式，我们一线教师应该改进教学方法，尝试找到适应新教材、新课堂的新方法。作为新教材的第一批授课教师，要在教学中尝试采取多样的教学方式，如讨论、演讲、阅读、探究、合作等，在活跃课堂气氛的同时，锻炼学生动口、动手、动脑参与学习的能力。

某教师在讲授七年级《单音与和声》一课时，为了让学生正确对待个人利益与集体利益的关系，切实感受集体合作的力量，采用了活动式教学法。现将活动过程呈现如下。

活动准备：小星星、小纸船、小纸鹤各三组（每组星星各 20 只、纸船各 30 只、纸鹤各 35 只）；包装盒、剪刀、胶带、纸、笔等工具若干。

活动规则：全部同学分为三组，每组选取 3 名同学，在规定的时间内（音乐播放 3 分钟），分别数清星星、纸鹤、纸船的数量进行记录，同时用包装盒分别进行包装；记录数据相对准确、包装相对精美一组即为获胜组。

在活动进行的过程中，教师鼓励周围同学进行细致观察，活动结束后，教师让观察团进行评议选出优胜组，同时让各组总结经验教训。最终生成统一的结论：在活动过程中集体意识很重要，获胜组各组员配合默契，分工明确，团结协作；而失利组存在组员之间有争议、不懂退让、不能精诚合作等问题。针对失利组存在的问题，教师又引导学生进行深度讨论：当个人利益和集体利益发生冲突怎么办？让学生充分认识集体意识的重要性。

在上述活动体验的过程中，学生对于集体意识、团结意识有了较为深刻的认知，教学目的在活动中自然呈现，学生在有趣的教学活动中形成集体情感，同时对于个人利益与集体利益的冲突有了正确的认知。

在课本中涉及人物或人际关系的知识点时，有些教师善于采用角色体验法来教学，通过设计丰富多彩的体验活动，让学生扮演不同角色，体验不同的角色立场，使教学活动更生动，激发学生学习的热情和积极性，培育践行正确价值观的能力。

讲解统编教材八年级上册第四课第一框《尊重他人》时，某位教师让几名学生分成两组：1组和2组，每组两人。先让1组的同学扮演相互尊重的角色，他们一上来就相互握手，有说有笑，礼貌相对，两人都显得很高兴。而让2组的同学扮演反面角色，他们一上来就恶话相对，互不相让，互相指责，两人都气得面红耳赤，很不开心。通过这个活动，让学生充分体会人与人之间相互尊重的重要性，从而了解到一个人的自尊与尊重他人的相互关系，明白了只有尊重他人才会得到他人尊重的道理。"角色体验"教学法，重在体验，角色安排要合情合理，贴近生活，让学生在表演中感悟，在感悟中导行。

我们新时代的道法教师要时刻坚持"以生为本，以师为引"的角色站位，不断探索新的教学方法，以此推进师生互动、生生互动，推动教学方式和学习方式的转变，以适应新的教学要求。

二、强化辨析，增强价值引领的有效性

青少年正处于人生的"孕穗拔节期"，面对海量庞杂、良莠不齐的

思潮或现象缺乏分辨力，最需要精心引导和栽培。迈克尔·桑德尔提出，学习的本质，不在于记住哪些知识，而在于它触发了你的思考。学生在课堂中汲取知识并不是第一位的，关键是如何学会学习，在学习的过程中形成一种学习的能力，并且学会思考，学会质疑，学会思辨。在思考、质疑、思辨的过程中形成一种理性思维的能力，这样一种能力可以伴随学生终身。当遇到问题时，不被表象迷惑，可以透过现象看到问题的本质；当不知道该如何取舍时，可以有一个明确的思路去选择正确的价值观，以理性思维伴随人的成长。可以说，人的生活离不开理性思维，道德与法治学科要培养学生的理性思维能力。

1. 强化调适能力，培育健康心理

在道德和法治心理部分的课堂教学中，教师不仅要传授知识，还要关注学生的心理特征，关注学生的情感变化，引导学生的心理健康发展。在道德和法治教学中，心理健康的教育和引导对于学生情感价值观的形成具有重要作用。我们应依据课标和核心素养的要求，抓住一切机会在道德与法治教学中积极渗透心理健康的正能量引导，提高学生的调节适应能力，包括抗挫折、抗打击、传递正能量的能力。

首先，科学设定知识和能力目标，明确情感态度和价值观。科学合理设定学习目标是课堂教学的关键。学习目标是教学活动的出发点，也是教学活动的达成点。因此，目标的设定要兼顾知识与技能、过程与方法、情感态度和价值观的培养，只有这样，才不会出现方向性的错误。目标的制订要结合新课程的理念、学科目标、单元目标和学生的实际情况，做到具体而细致。三维目标的设定，从表及里，形成的是对学生综合学科素养的培养体系，学生可以从身边或自己经历的事

去理解教材知识，从而树立正确的价值观，形成健全人格。

其次，采取多种方式进行正确价值引导。在教学过程中，教师扮演的角色是为学生提供一个范式，引导学生解决生活中遇到的实际问题，由此判断学生的行为动机、观察学生的思维养成，最终引领学生树立正确的价值观。比如针对网络上热议的"老年人跌倒该不该扶"的问题，教师可以创设情境，让学生进行角色扮演，在表演和观看的过程中，分析各类现象的成因，对于这些行为可能引发的社会影响进行讨论，并从中得到启示。在这个过程中，逐渐形成自己的道德意识和道德观念，增强法治观念，树立正确的价值观。同时深刻地认识这就是真实情境所带来的教学效果，这些情境贴近生活，容易激起学生们的兴趣，引发共鸣。所以，只要是和学生密切相连的生活实际，或是社会上的热点现象，都可以作为学习的素材，引导学生，帮助其树立正确的价值观。

2. 强化思辨能力，涵养价值判断

思辨一词，最早出自《礼记·中庸》："博学之，审问之，慎思之，明辨之，笃行之。""慎思"与"明辨"强调的就是周密地思考，明晰地分辨。不具备思辨能力，无法真正获得独到见解，或者无法与不同看法进行交流并获得共识；不具备思辨能力，无法掌握科学方法的实质，或者无法为今后持续学习和研究奠定基础；不具备思辨能力，甚至无法让自己成为一个真正独立、有价值判断的人。因此，在道德与法治课教学中，教师要注重对学生思辨能力的培养。具体应做到以下内容。

挖掘社会生活中典型事例，为培养学生思维提供素材。社会生活包罗万象，蕴含着丰富的教育教学素材。这些活生生的素材具有较强的时政性和针对性，既容易引起学生的关注，引发学生思考，又可让老师利用起来得心应手，有效提高课堂教学实效。因此，在教学中，教师要经常挖掘一些典型的贴近学生生活的素材并以微电影、微视频、故事、漫画、诗歌、小品等方式呈现出来，使学生眼前一亮，思维受到"碰撞"，在对与错、好与坏、美与丑、真与假的判断中学会思考，学会判断，从而培养学生的思维能力。

授之以渔，为拓展学生思维提供有效帮助。每个学科都有其学科特点、思维规律及学科要求，道德与法治学科也不例外。在教学中，如果能遵循学科的规律，深入了解学生的思维特点，适时引导学生按"部"就班进行问题思考，将有利于学生掌握本学科的学习方法，克服畏难情绪，从而达到爱学、乐学、主动学的较高水平。所以，教师要善于对问题进行多角度的引导，使学生掌握其方法，思考起来或作答时得心应手。例如遇到"为什么"这个问题，就引导学生按照由此及彼、由里到外、由直接到间接的方式思考问题的重要性、必要性、作用、意义、不做的危害性等，从而认识问题的实质，融会贯通所学的知识，提高分析问题的能力；又如"怎么做"这个问题，教师一般可以从谁（自身、他人、集体、社会、国家）哪些方面（政治、经济、文化、社会、思想、行为等）可以做什么的方式入手进行引导，提高学生解决实际问题的能力；对于一些综合设置的问题，如"请你评价材料人物的行为""谈谈你对此事的看法""你是怎么认识这种行为的""从上述事件中，你得到了什么启示"等，教师可以引导学生从是什么、为什么和怎样做这三个角度综合地去分析问题和解决问题，提高综合解题能力。在教学中运用这些具体的解题"套路"，久而久之就会帮助学生构建发现问题、分析问题、解决问题的惯性思维，从而养成良好的学科思维习惯，进而培养自身的思维品质。

3. 强化法律意识，培树法治精神

习近平总书记在全面依法治国的重要论述中强调，要倡导科学立法、严格执法、公正司法、全民守法的生动实践，培育公民的法律意识，树立公民的法治信念，提高公民的法律素质。青少年是国家的未来与希望，其法治意识的提升程度直接关系着中华民族的整体素质，关系着法治中国的前途和命运。

树立正确的权利、义务观。宪法最核心的概念就是权利和义务，要培育法律意识首先就要树立正确的权利、义务观。在教学中，帮助学生树立权利、义务观，首先应从正确理解权利与义务的关系入手，准确把握公民的基本权利与基本义务，联系实际教育学生养成依法享有权利和履行义务的自觉性，模范地执行宪法和法律的规定，具备高度的民主法治素质，成为新世纪社会主义建设事业的有用人才。

在讲授"权利义务伴我行"这一单元时，我们学习了国家赋予公民的权利的内容，同时也提出了公民应该履行的义务。通过教材内容的学习，学生可以了解到自己享有什么样的权利、应该履行什么样的义务，这无疑可以增强学生的法治意识。但对于权利和义务的关系，仅仅通过抽象的课本知识学生还难以深刻理解。因此，我引入具体实例，把权利与义务的关系生动形象地展示给学生。例如，以"人民警察"为例来讲解权利与义务

的关系。人民警察享有的权利有：对违反治安管理的人可以依法实施行政强制措施、行政处罚，在侦查犯罪活动中可以依法执行拘留、搜查、逮捕或者其他强制措施，等等。同时，人民警察还应该履行该有的义务，如做到秉公执法、文明执勤等。通过这一具体实例，学生能够更好地理解权利和义务的关系。

树立人人平等的法治观。法律面前人人平等，是社会主义法治的基本原则，是公平正义的首要内涵，也是实现公平正义的前提和基础。法律对所有公民的合法权益都平等地予以保护，对所有公民的违法或犯罪行为，一律平等地依法追究法律责任。在道德与法治课堂上，应当培育学生依照宪法和法律的规定平等地享有权利，平等地履行义务的认知观念。

在讲授《崇尚公平和正义》这一课时，某教师特意结合"反腐"这一当下热点话题来与学生进行交流讨论。十八大以来，国家严抓作风建设，严惩腐败分子，这一举措维护了法治社会的公平正义。让学生懂得，在法治社会，不管是谁，只要违反法律都会受到应有的惩罚，这对于帮助学生树立法律面前人人平等的观念具有十分重要的意义。

教师在道德与法治课堂进行教学时，应立足于学生自身、日常生活及社会生活，使学生充分了解法律存在的真实性和复杂性，提升学生对法律的认知，从而推动学生法治观念的形成和树立。总而言之，法治观念对中学生的健康成长十分重要，教师应积极探究能够培养学生法治观念的教学策略，有效地展开教学，以健全学生的法治意识，推动学生个人综合素养的完善。

三、多元创设，突出情境教学的功能性

在初中道德与法治课堂中使用多元化的情境教学法能够最大化地整合与开发目前的教学资源，让现实生活与课堂教学有机地融合在一起，以有效促进师生互动，活化学生的思维方式，增强学生的感知力与参与度。除此之外，在道德与法治课程中使用这种教学方法，还能够更好地贯彻"以学生为核心"的教学思想，有效促进学生道德思想的内化与感知，满足新时期德育教育的要求，是实现"以人为本"教育思想的具体体现。

1. 创设"障碍"情境，摆脱思维定式

培养学生在道德与法治课堂中的问题意识与发散思维，是新课程教学的重要内容和基本点。因此，教师在教学过程中应重视启发学生独立思考、发散思维的能力，探索有效提高学生问题意识、培养学生发散性思维的教学情境，适度创设有难度、有深度的"障碍"情境，激励学生开拓思路，大胆想象，摆脱思维定式，掌握正确的学习方法，进而开发学生潜能，提升学生综合素质。

教师在课堂中应当积极展现情境教学的效果，在这个过程中，一

定要尊重学生的主体地位，转变自身的教学思想，构建以学生为核心的教育理念。

某教师在讲解《公平正义的守护》一课时，为了更好地帮助学生理解公平和正义，积极发挥学生的主体作用，在教学资源的应用上侧重于典型事例的选取，先后呈现《社会主义核心价值观——公正篇》《江家秤》《慧眼》三个视频材料，还预设生成了近 20 个环环相扣的问题贯穿始终，抽丝剥茧、逐层深入。

《慧眼》视频引发学生激烈讨论，以"远观—近查—反转—升华"为主线，通过设置反转剧情，引学生进入一个障碍情境，让学生在整个情境中自发设疑、自主思考、自行归纳，待剧情反转后，学生的情感发生逆转，思维在快速的运转、碰撞中得到升华，进而充分体会到公平和正义的必要性和正确做法。三个贴近生活的情境视频的引用、特别的障碍情境设置的目的是不断引导学生进行思考和挖掘，透过现象发现本质，从而去分析现实问题，达到关注"学生发展"的目的。这种发展不只是简单的教材知识的罗列，更多的是通过学生的主动思考讨论进行教材知识的重组和整合，即在学生掌握基础知识之后，提升其分析问题、解决问题以及自主学习的能力。

通过观看视频、引入障碍情境、适时提问提升了学生的思想境界，通过针对典型案例、结合自身实际的分析帮助学生提高了分析归纳能力。同时，整节课始终体现着"自主、合作与探究"的课堂教学氛围。

"障碍"情境的创设应根据学生思维发展特点和教材要求，有目的、有计划地进行，情境问题的创设要体现平等的师生关系与和谐自由的教学氛围，使问题真正成为打开学生思维的钥匙。要选择学生身边熟悉的典型事例，设计的问题要有层次、有深度，但也不能太难或过易，让学生能"跳一跳就摘到桃子"，让学生在解决问题的过程中获得成功的快乐，激发学生的探索精神和学习兴趣。

2. 创设"探究"情境，启迪思维智慧

情境探究既是道德与法治课实现教学目标的有效方法，又是提升学生实践力和主观能动性的重要手段。"探究"是指学生在道德与法治课程情境中和现实生活中，通过发现问题、调查研究、动手操作、表达与交流等探究性活动中获得知识、技能、方法和情感体验的学习方式和学习过程。因此，创设"探究情境"直接关系着学生是否有兴趣学习和能否主动探寻知识、研究问题。

注重体验感悟，创设探究情境，达成教学目标。初中的道德与法治课堂中，每节课都对应着不同的教学任务与教学目标，更关注培养学生的情感、态度、价值观。这就要求教师围绕教学目标，根据教材内容，挑选科学的教学方式，创设合理情境，促进学生展开体验感悟，从而生成和达到本节课的教学目标。

在讲授《关爱他人》一课时，某位教师把教学目标设定为：

价值观目标——提升关爱他人的意识，获取关爱的力量；

能力目标——综合利用发展的观点探究关爱他人的作用，增强学生的辩证思维能力；

知识目标——了解关爱对别人、社会的现实意义，认识到关爱会传递美好的情感。

在《关爱他人》这部宣传片中，主人公帮助小女孩上学，小女孩因为曾被别人帮助，因此在自己心中种下了关爱他人的种子；主人公帮助老奶奶，老奶奶于是也资助他人；主人公帮助了流浪的小狗，于是狗狗就一直与她相伴；主人公帮助了小花，于是花朵回报以芬芳，正是这种良性的循环促进了社会的健康发展。在教师的引导帮助下，学生通过这种以小见大的方法，充分地感受到关爱对个人与社会的意义，使得学生形成关爱他人，进而关爱社会、关爱国家的思想，情感、态度、价值观得到了充分的升华。

教师在课堂上要使用探究式教学法，必须做到教学内容、教材目标、教学方法的有机融合，挑选最适当的体验探究方法，让学生理解教材内容，化解教材重难点，从而形成正确的价值取向。

重实践尊个性，发展探究体验过程。学生在学习过程中必然会遇到许多认知问题，这是学生探究的心理动力和探究式课堂教学的契机。教师应抓住契机，尊重个性差异，精心设计，释疑解惑，帮助学生完成课堂探究。

　　在讲授《关爱他人是一门艺术》一课时，某教师把学生分成了四个讨论小组，引导学生思考"怎样向灾区捐献自己的爱心"，不同的小组发表了自己的不同看法。有的小组认为：自己可以向灾区捐献一些衣物或者捐献自己的零用钱；有的小组说，我们小组讨论出一个新的方法，去街上募捐，这样就能够动员大家都贡献出自己的力量；还有的小组表示：我们都没有钱，我们想通过做志愿者这种方式，去红十字会或者需要我们的地方去帮忙。还有的学生表示，我们自己的力量太小，如果要真正帮助别人，我们一定要努力学习，等将来自己有实力了，就能够更好地帮助别人。

　　课堂呈现的讨论顺序是：每个小组组员讨论→组长代表发言→组内成员补充→组外成员补充→各组自由互动，整节课气氛热烈而又井然有序，每名学生、每组学生都在思考和参与，最终形成富有共性又不失个性的结论和做法。

　　由此可见，学生们都在努力思考怎样帮助别人，有的学生甚至还发展出了理性的、长远性的思维，把献爱心规划到将来的人生发展中，课堂教学取得了成功。

通过以上教学事例不难发现，一个好的探究情境能够激发课堂的无限活力，使课堂教学内容更饱满，课堂探究氛围更活跃，课堂生成目标更精准。

3. 创设"人文"情境，生成思维共鸣

尊重个性差异，以学定教。教师在课堂上展开体验式教学的过程中，应当让自己的教学方法满足初中生身心发展的规律，让教学拥有指向性和针对性。学生之间、授课班级之间都存在一定的认知、感知的不同和差异性，这就要求教师了解和观察学生的个性差异，不同学生采用不同的引领方式，在授课过程中细致观察，快速地做出反应，积极调整授课方案，引导并鼓励学生加入体验式学习过程中来。

例如，在讲授《关爱别人是一门艺术》一课的"分享与探究"这一教学内容时，根据自己所教授班级的不同特点，我构建出多样化的教学内容，深入探究"我们需要学会帮助、关爱他人，并心怀善意"。

讲解教材中学生由于做好事而被误解，最后在老爷爷的帮助下误会才得以澄清的四幅图时，由于 A 班级的学生大部分回答问题都十分积极，且性格活泼，所以我让学生大胆尝试了角色扮演类的体验内容，让学生们根据"帮忙—误会—澄清误会"的过程进行自由发挥，课堂瞬间掀起了高潮。让学生们进行分组角色扮演后，引导其他学生进行观察并引发讨论："若是你，你会如何做呢？"如此一来，学生们在课堂中不但有了自身的切

实感受，也促进了其他学生的心理体验。教师就能够据此总结："我们要心怀善意，要关爱他人。"

B班由于课堂上较为安静，大部分学生的性格较为内向，一般都不会主动回答问题，因此，我采用通过视频观看的方式辅助教学，让学生们从心理上获取教学感受。课堂上播放小品《扶不扶》，利用小品中"老人摔倒—帮扶被误解—警察澄清"等主线，让学生们讲讲自己的感受，最终引导学生们懂得："如果别人遇到困难，我们一定要心怀善意，尽己所能帮助别人。"

教师在构建教学情境时，应当能够针对学生之间的差异性设计出多种教学体验内容，让学生们在快乐、愉悦的气氛中体验学习，活跃自身的思维。

教师要不断地基于实践省察反思，尊重差异，驾驭升华体验过程。教师如果要让学生通过课堂学习对教学任务与教学内容进行良好的掌握，就一定要对学生的学习成果以及教学目标进行反思。教师要反思教学目标的实现过程还有没有更好的展现方式，反思教学内容有没有合理地表达出来，反思教学目标有没有利用课堂教学有效地传递给学生等。除此之外，教师也要反思学生对教学目标有没有一定的认识，反思学生有没有获得真实的思维活动与情感体验，反思学生有没有切实掌握了教学内容等。教师要通过对学生生成结果与教学目标的反思，发现不足之处并予以改进，从而对教材进行更好的开发，实现初中道德与法治课堂的教学目标。

讲授《依法履行义务》一课时，在 A 班授课时，某教师先采用"偷税漏税"的典型案例，想从偷税漏税入手，引发学生讨论这一行为给社会带来的危害，继而生成结论，帮助学生树立正确的义务观。但整节课呈现给我们的感觉是，学生能够回答和概括，知识性目标和能力目标可以达到，但是学生的情感生成不够，对于话题不感兴趣，讨论不热烈。

此教师在经过深刻的反思后，发现在选取情境材料上是从自身（成人）角度出发的，选取社会关注度高的问题，却忽略了中学生的情感特点，因此及时做出调整，从学生角度出发选取《母亲的眼泪》这一经典视频并进行了合理剪裁，在 B 班进行观看，视频一播放就抓住了学生的心，母亲的含泪哭诉、儿子的悔恨之情激发了学生的强烈共鸣，在剖析儿子的不赡养行为时，学生们非常气愤；在倾听母亲的哭诉时，好多学生流下了眼泪；在探讨赡养问题时，学生异口同声地表示这是我们作为儿女的义务。此时此刻，我们看到，这节课的教学目标达到了。

所以，在课堂教学中，教师要积极把学生的学习目标与教师的教学目标进行对比，分析学生生成的教学目标是不是和教师的教学目标相同。这就需要教师善于反思、勇于改进，不断完善自己的教学预设与动态达成。习近平总书记在学校思政课教师座谈会上明确提出推进思政课改革创新必须坚持"八个相统一"的要求，这是新时代教育者铸魂育人的根本遵循。

第二节　基于问题导引下的启发和灌输

习近平总书记强调，思想政治理论课要坚持灌输性和启发性相统一，这就对思想政治理论课提出了新要求。它有利于创新教学理念，提升教学质量，使思想政治理论课入脑入心。要实现思想政治理论课灌输性和启发性相统一，必须强化教学内容，把握教学对象，构建良好教学环境。

陶行知先生说："提出一个问题往往比解答一个问题更重要。"这句话道出了提出问题的重要性。问题导引就是让学生动起来，在探索和研究中认识客观世界，从而培养他们的问题意识、创新能力和实践能力。启发，指开导、点引对方联想并有所悟；灌输即输送、注入之意。问题导引下的启发和灌输意指教师通过创设问题情境，引导学生在自主、合作、探究式学习过程中，主动发现问题、提出问题，探寻解决问题的途径和方法。要真正实现思想政治教育任务，就必须坚持灌输性和启发性的有机融合，以"启"为手段，提高"灌"的艺术，增强"输"的效果。

一、以透彻的学理分析启迪学生

欲行其之道，必先明其理。所谓学理性，就是蕴含于思想理论教育中的学科专业知识和理论逻辑。学理性是思想政治学科的基础和支撑，决定着思想政治教育理论彻底性的实现程度。在教育教学当中，老师不仅要告诉学生是什么，还要讲清楚为什么，用深刻的说理、深邃的思想才能吸引学生，征服学生。因此，能否将专业知识挖掘得深厚到位，将学生启发得通透彻底，是当代思政课教师必须认真思考、潜心钻研的大问题。

1. 注重问题引导，培养探究精神

教师的作用在于启发和引导。叶圣陶先生认为，各种学科的教学都一样，无非教师帮助学生学习的一个过程。教师的作用，就是要引导、启发。教师要知道自己应该怎样教才能使学生学得更好，才能使学生得到真实的东西，一辈子受用不尽。古人云：授人以鱼，不如授人以渔。作为老师，我们主要不在于传授知识，而在于引导学生自己去求得知识，也就是引导学生自己去发现问题，自己去解决问题。在所有的引导方式中，问题引导是最为常见的引导方式。

在讲授《成长的不仅仅是身体》这一框题时，教师通过让学生观看视频《鹰之重生》，使之从感性上了解鹰重获新生的艰辛历程。看完视频后，学生都感觉很震撼，被鹰的勇气折服，为鹰的坚毅点赞，充满了兴趣。

教师就势追问："是什么因素让鹰获得重生？"由此引导学生在获得感性体验的基础上逐步展开理性思考，进行深入探究。学生给出了各式各样的回答，教师进一步追问："鹰重生的过程是不是只是外力作用的结果？"这一问题顺势将学生的思考方向引导到雄鹰的坚毅个性，以鹰喻物，理性回归，帮助学生理解成长的不仅仅是身体，还有更多的内在升华。通过生动有趣的问题引导，由浅入深、由表及里探究体会课堂知识，从而培养了学生的探究精神。

"问题引导教学法"让学生们在课堂教学中尝到了甜头，有力地促进了教师、学生角色的转变，学生问题意识的提升，同时培养了学生质疑的兴趣和能力，使其养成好思好问的良好习惯和自主学习、自主探究的创新精神，这也为深入学习高中、大学的思政课奠定了良好的思维基础。

2. 注重问题剖析，培养批判精神

批判是一种否定性判断，敢于批判才能认识事物的本质，敢于批判才能保持独立自主，敢于批判才能破旧立新。由于受灌输式和填鸭式思维方式的影响，很多学生都缺乏批判精神，为此，要引导学生勇于怀疑，善于质疑，乐于解疑，从而有效实现释疑和引疑，形成理性认知。

要培养学生的批判性思维意识，教师首先必须改变观念，营造民主平等、宽松和谐的教学氛围。教师要善于发现和肯定学生独特的思路和不同的见解，引导学生从新的角度去重新思考、分析，找出原结

论的缺陷与不足，鼓励学生发现问题，大胆批判，并及时进行正确、灵活的评价与反馈，甚至给予大张旗鼓的表扬。

例如在教学《我国的国家机构》一课时，有同学提出质疑："国家主席不是国家机构而是一个人。"首先，教师肯定了他的质疑态度，并给予表扬。因为这个问题正是此课的一个教学难点，由学生质疑挖掘释义难点势必引发学生深刻思考。

对于学生的质疑问难，我们要多鼓励，多表扬，这样可激发学生的积极性，倡导辩论争鸣，形成质疑问难的氛围。在教学实践中发现，一些学生盲从于已有的结论，不善于独立思考，不善于辨别正误。我们可以引导学生以怀疑的态度对既有事实和理论进行辨析，区别真伪。也可以根据课堂教学内容有针对性地设计论题，使学生通过辨析争论，阐述自身观点，客观评价他人意见，培养思维的批判性。

如教学"权利与义务"时，围绕"权利重要还是义务重要"这一论题，教师倡导学生进行一场辩论赛。正反方观点：权利比义务重要/义务比权利重要。顿时，一石激起千层浪，大家兴趣盎然，展开了激烈的辩论。辩手们或陈述己方观点，阐明理由；或寻找对方纰漏，有力反诘。双方思维相互碰撞，在各种信息面前进行审视、判断、评价，从而培养了学生的批判性思维能力。

　　培养批判性思维还要创设想象情境。爱因斯坦说过："想象力比知识更重要，因为知识是局限于我们已经知道和理解的，而想象力覆盖整个世界，包括那些将会知道和理解的。"的确，依靠想象力我们可以拓展思维空间，使探寻超越现实的局限，在此基础上才能有所批判创新。

　　　　在讲授《成长的不仅仅是身体》这一框题时，我发现培养批判精神这一知识点比较抽象晦涩，是本节课的一个难点。为了引导学生敢于质疑，首先安排了一段轻松、愉悦的无声情景剧——《三代手机的对话》，让学生展开想象，编写剧情，我建议学生通过小组合作的方式群策群力、共同探讨，给每一位学生创造参与其中的机会。通过学生的热烈参与，引导学生深入剖析，通过现象发现事物的本质，通过学生的补充对话，理解前两代手机都是顺应社会发展需要而产生的，所以我们对现存事物都应该首先具有肯定的理解。但是随着时间的推移，它们不能满足新的发展条件就会衰落甚至灭亡。所以我们对现存事物还应包含否定的理解。由此，学生通过自己的想象力，通过对问题的剖析，理解了我们的思维意识还应具有批判、革命的一面。

　　要提高学生的批判性思维能力不可能一蹴而成，需要一个长期的过程。这就要求思政课教师在课堂教学中进行有意识的培养，鼓励质疑问难。质疑是培养批判性思维能力的重要基础。"学贵有疑，小疑则小进，大疑则大进。"学生只有对文本知识不迷信，对已有结论不盲从，对一切持怀疑态度，才能于无疑处生疑，才能对原有结论进行重新的判断评价，才能闪现批判性思维的火花。因此，在思政课教学过程中，教师要鼓励学生质疑问难，提倡批判精神，使学生在质疑、解疑中培养独立思考的能力和习惯，学会客观地、全面地、本质地看待问题。

3. 注重问题生成，培养创新精神

如果批判是对原有理论和实践进行改造，创新则是在批判的基础上对其进行创造。批判和创新是相辅相成的，批判是创新的前提，创新是批判的动力。培养学生的创新精神是培养科学精神的核心。教师在课堂中如何培养学生的创新精神呢？这就需要我们捕捉课堂"生成性"资源。

在我授课的过程中，就突然有学生提出疑问："如果进入 5G 时代，手机会有什么变化？我们要怎样应对这一变化？"我没有阻断学生的提问，而是立即捕捉到这一思维火花，顺水推舟，适时引导学生进入角色扮演，提出"假如你是一家手机公司的老总，面对这种情况，你会怎么去应对"这个开放性问题，引导学生打开思路，大家各抒己见，有的同学表示要立刻学习并在公司中引进 5G 技术，也有的同学表示引进 5G 后要居安思危加快研究 6G 技术，学生们的讨论过程就是批判精神

的实践过程。对这一"生成性资源"的探讨，既可以将课堂与生活相联系，又可以开拓学生的思维，培养了学生的创新精神。

课堂是生成性的，"课堂'生成性资源'的涌现，是学生在教师的引导之下积极主动思考问题所迸发的创造性思维的火花"。充分利用课堂的生成性资源，适时引导学生展开想象，是培养创新精神的有效途径。

二、以严谨的思想理论说服学生

习近平总书记在全国学校思想政治理论课教师座谈会上强调，思政课要坚持政治性和学理性相统一，以透彻的学理分析回应学生，以彻底的思想理论说服学生，用真理的强大力量引导学生。推动新时代思想政治理论课改革创新，要尊重规律，尊崇学理，不断增强思政课的思想性和理论性。恩格斯指出："一个民族要想站在科学的最高峰，就一刻也不能没有理论思维。"因此，上好思想政治理论课，必须突显思想政治理论课的理论色彩，不断提升马克思主义理论的说服力和解释力，积极引导学生运用理论思维，站在理论高度分析和解决问题，以理论的彻底性赢得思想政治理论课的实效性。

政治理论课要不断改革创新，思想彻底、理论透彻才有力量，教育入心、触及灵魂才能成功。要不断增强思政课的思想性、理论性，用真理的强大力量引导学生。同时，要遵循青少年成长规律、认知规律，注意方式方法，不断提高教学效果。

（1）思想彻底——品铸工匠精神。工匠精神已然成为一个热词，影响着我们生活的方方面面。从狭义上说，"工匠精神"是指工匠对自己的产品精益求精，追求完美和极致，对产品品质有着执着和坚持的一种工作理念和态度。而从广义上来说，"工匠精神"所体现出来的精益求精的工作理念和态度，则可以涵盖生活中的各行各业。教育作为社会中一项特殊的事业，关系着每个家庭的良性发展，关系着每个国民的健康成长与生活，可以说是民生之大计。所以，教育对"工匠精神"的呼唤，适逢其时，意义重大。而教师作为一支育人的"匠人"队伍中的一员，必须成为"工匠精神"的实践者。

打造"匠艺"。在思想政治教学过程中，教师要把专业的知识拟作工艺，力求精益求精，以完美的状态传授给学生，将学生拟作精品，通过教学的手段、精湛的教学技艺，对其精雕细刻，促使学生的品质趋于完美，行为得以升华。基于此，教师必须通过三个层次精修专业技能。第一层是精修专业知识，将书本知识理解清楚，挖掘透彻；第二层是精修支撑学科，如以教育学、心理学为核心，对于思政课教师来说，还涉及语文、历史等多项支撑学科；第三层是拓宽知识储备，世间学问千千万万，人生精力有限，不可能穷尽天下所有，总有一些会让人痴迷，师者必有其独特风格，这其实就是教师个人兴趣爱好积淀的结果。世界是普遍联系的，看似毫无瓜葛的一些行为最终都汇集在人们的头脑之中，也会以相互交融整合的方式在课堂上、在师生的交流中呈现出来。

树立"匠德"。作为优秀的匠人，除了要拥有高超的技艺之外，还应该有高尚的德行。对于教师而言，"匠德"就是师德。教师职业道德养成是教师道德人格不断发展完善的需要，是做好教育工作的需要，也是一所学校能够获得家长和社会首肯的需要。我们的教师在关注自身业务水平提高的同时，更要关注自身道德修养的形成。在工作中要不断加强理论学习，注重内省、慎独；确立可行目标，并坚持不懈地努力；勇于磨炼，增强自我情感体验；虚心向他人学习，自觉与他人交流；正确展开批评和自我批评，促进个人进步；端言正行，提升自我道德修养，树立高尚的德行。

感念"匠心"。首先，要不忘初心。"工匠精神"不仅要求匠人有精湛的技术，更要求匠人耐得住寂寞，拥有守静笃德的意志。十年树木，百年树人，教师对学生的影响是耳濡目染、日积月累的，要言传更要身教，这对教师的一言一行要求就非常高。在生活中，由于职业特点，我们的报酬可能只是中等，教师可能会遇到各种各样的诱惑，这就要求我们的教师求有一种耐得住清贫和守静笃德的定力，回归自己心灵的宁静，做好自己的本职工作，并在日复一日的教学中磨炼自己。不忘初心，方得始终，守护自己内心的一汪清泉，回归教育的本质。而后，要终怀爱心。教育是一种慢的艺术，犹如牵着蜗牛在散步。在孩子成长的过程中，教师首先应该拥有的就是爱心。叶圣陶先生在《如果我当教师》中说："我如果当小学教师，决不将投到学校里来的儿童认作讨厌的小家伙，惹人心烦的小魔王；无论聪明的，愚蠢的，干净的，肮脏的，我都要称他们为'小朋友'。那不是假意殷勤，仅仅浮在嘴边，油腔滑调地喊一声；而是出于真诚，真心认他们做朋友，真心要他们做朋友的亲切表示。"教育是爱的事业，学校是爱的聚集地，教师应该用心对待每一个孩子，用爱唤起学生对生活的热爱和对一切美好的期待。

（2）理论透彻——深挖教材资源。教材是凝聚知识、汇聚力量的载体和主阵地，新课标下的道德与法治教材已全面使用，新的道德与法治课程倡导民主、开放、科学的课程理念，与以往人教版相比，统编教材有机整合道德、心理健康、法律和国情等多方面的学习内容，更加重视整合不同领域的知识，为学生的思想道德发展、法律意识培养和健全人格培育服务，更加重视运用知识和生活经验来感受、解释、理解社会现象，处理和解决学生生活和生命成长中的困惑和遇到的问题，引领学生精神成长。

以八年级下册《依法行使权利》为例，教学"如何正确行使公民权利"这个问题时，我对书本"探究与分享"中的案例及问题进行了改编和提升，首先通过图片的形式"晒"出我的微博，以乙队球迷被打事件为主线，创设情境，巧妙设问：看到这个帖子时你的心情如何？你会怎么做？学生纷纷表示会转发帖子。为什么会转发呢？转发后心情如何？转发帖子是在行使什么权利？通过层层挖掘，引导学生思考和探究，转帖和发帖都来源于学生的日常生活，他们很容易将自己的真实感受表达出来，纷纷表示这样做是伸张正义、谴责非正义的行为。当学生讨论得热火朝天时，我再深挖一锹：此条消息被证实为假新闻，此刻你有什么感受？作为网友的我们到底有没有权利转发帖子呢？如果这个事件是真实的，难道我们只能袖手旁观，坐视不理吗？通过对教材资源挖掘的不断升级，启发学生思考，引导学生深度认知教材理论。

培养学生严谨的理论思想，要求教师自身夯实理论基础，与此同时又能精准地选取思维发散点。这个发散点可以是个人生活、社会新闻、时政热点等问题，也可以是基础知识的拓展和延伸，可以从正反不同角度观察比较、分析整合、多方联系地认识问题、分析问题和解决问题。当然，这也要求教师在备课过程中进行多角度预设，依托教材有效生成。

三、用真理的强大力量引导学生

习近平总书记在讲述陈望道翻译《共产党宣言》的故事时，深情又意味深长地讲了一句话："真理的味道非常甜。"思想政治理论课要把"真理的味道"讲出来，让学生在深学细悟中坚定马克思主义的信仰、中国特色社会主义的信念和中华民族伟大复兴的信心。

青少年正处在价值观形成和确立的时期，是一个人成长、做人、成才的关键起点，人的一生只有一次青春，走错一步很难回头，所以学生时期的每一个理想、每一个目标、每一次选择都将奠定未来发展的基石。新时代的思政课教师承担着立德铸魂的光荣使命，在陪伴学生成长的道路上，我们应当感悟传播真理的力量，不断散发人格的力量，从而真正成为给学生心灵埋下真善美种子的新时代"播育者"。

1. 坚持价值性与知识性统一——感悟传播真理的力量

思政课教师要给学生心灵埋下真善美的种子，就要感悟传播直达人心的真理力量。这就要求思政课教师首先要深刻感悟、准确把握学科内涵和价值性。学科价值的实现厚植于对知识的钻研、认可、感悟、升华之中，学科内涵又通过价值性得到充分展现。作为思政课教师，要想成为名副其实的真理力量的传播者，一方面要善于深挖教材、吃透观点，将课本知识内化于心；另一方面要明事讲理、弘扬主旋律、传递正能量，将价值理论外化于行。

以七年级上册教材《感受生命的意义》这一框题为例，首先，我深度解读了教材，依据三维目标和教材现有资源从全局上把握本课的主线"人为什么活着—怎样的生命是值得的—发现自己生命的价值和意义"，以"讲故事"来串联本课的知识点，通过设置三个板块：讲英雄故事、讲榜样故事、讲自己的故事，层层递进，直扣主题。例如在"讲榜样故事"环节，我主要挑选的是"最美拾荒老人"这个引起许多网友关注并能引起学生兴趣的故事，被称为"史上最温暖图书馆"的杭州图书馆向流浪汉开放，一位拾荒老人因在借阅前自觉洗手引起关注，当人们走进这位老人的生活，发现他的精神世界无比高贵，他坚持看书前洗手，说明了什么？说明他对知识充满尊重；他每月有不低的教师退休金，明明可以过比较富足的生活，他却以拾荒谋生，又说明了什么？他看轻物质享受，将钱捐赠给需要读书的孩子，他捐赠的时候用的全是化名，他无私奉献着；甚至在他死后捐赠遗体和器官，他把一切都献给了社会。他就是一生隐姓埋名、乐于助人的老人——韦思浩。故事层层递进展开，学生在听故事的过程中心灵受到了震撼，从而自觉地在榜样中汲取所需的精神能量，感悟平凡生命中闪耀的伟大。正如学者菲尔丁所说的："典范比教育更快，更能强烈地铭刻在孩子心里。"

作为通过思想政治理论课开展真理宣传工作的新时代思政课教师，要真正触动学生的心灵，必须深悉马克思主义真理并结合学生生活实际、思想实际、情感实际坚定地感悟传播的真理力量，才能不断彰显真理力量的感召性，从而给学生心灵埋下真善美的种子。

2. 坚持主导性和主体性统———凝聚进发人格的力量

主导地位即在群体或系统中处于主要的和引导地位；主体地位即事物的主要部分即所占比重较大或重要程度较高。学生在教育过程中处于主体地位，教育主要是为学生设立的。而教师是主导地位，是教育工作的主要运行者，教师的言传身教势必对学生主体产生深远影响。教师的人格魅力作为一种宝贵的资源，比有形的言语教育具有更强的心灵渗透力，对学生的健康成长起着潜移默化的感染、熏陶和最直接的示范、导向作用。

教师的广博学识直接影响学生的学习兴趣

渊博的知识是作为教师应当具备的基本素养，同时是人们衡量一位教师是否称职的重要尺度。具备真才实学的教师才能形成健全的，具有权威效应的人格力量，人格力量的形成，必须也只能以教师的德才兼备为前提。现代教育家夏丏尊谈到著名教育家、艺术家李叔同时这样说："李先生教图画、音乐，学生对图画、音乐看得比国文、数学等更重。这是有人格作背景的缘故。因为他教图画、音乐，而他所懂得的不仅是图画、音乐；他的诗文比国文先生的更好，他的书法比习字先生的更好，他的英文比英文先生的更好……这好比一尊佛像，有后光，故能令人敬仰。"这里所说的"人格"，是指人的性格、气质、能力等特征的总和，李叔同先生具有人格魅力。

由此可见，学生的学习兴趣作为学生非智力因素，对于学习起着很重要的作用。教学是知识与智慧的交流，教师充满创新地教，会使学生感受到教师内在的人格美。"兴趣是最好的老师"，一个具有宽泛深厚的文化科学基础知识和系统精深专业学科知识的教师，在课堂教学中充满自信与激情，使用幽默风趣的语言向学生传授知识，使得他的教学像磁铁一样吸引着学生，使学生乐于学习，对本学科产生强烈的兴趣，始终保持求知的热情与动力。

现代教师的学识不仅表现在对本学科知识的了解上，对教育心理学知识的熟悉上，还表现在对现代科技、经济、政治、国际关系的了解程度上，甚至还表现在对当前乐坛、影坛、文坛、体坛等信息的了解上。假如教师在讲解问题时深入浅出、旁征博引，对学生感兴趣的国际时政、流行音乐、畅销小说或时尚体育能侃侃而谈，娓娓道来，那学生必然是"信其道而亲其师"。

教师的人格魅力对学生思想品质、道德情操产生深远影响

学高为师，身正为范。师德是教师的灵魂。在整个教育教学过程中，教师的思想道德、作风仪表、为人处世乃至一言一行都在潜移默化地影响着学生。孔子说过："其身正，不令则行，其身不正，虽令不从。"在教育过程中，学生不仅对教师听其言，而且观其行。教师如果具有良好的道德情操，爱岗敬业的崇高精神，高度的责任心和事业心，对待学生多一份关爱，多一份温情，多一份信任，学生就会从教师的言传身教中明白做人的道理，就依照老师的言行来调节自身的行为。

俄国教育家乌申斯基说："在教育工作中，一切都应以教师的人格为依据。因为教育力量只能从人格的活的源泉中产生出来，任何规章制度，任何人为的机关，无论设想得如何巧妙，都不能代替教育事业中教师人格的作用。"确实如此，凡是成功的教师，无论他是大学、中学、小学的教师，无不以人格之光烛照学生的心灵，潜移默化地影响着学生的人格。鲁迅先生是伟人，他在教学方面也是我们杰出的榜样。鲁迅在北平师范大学讲课，来听讲的人越来越多，礼堂容纳不下，只好临时挪到大操场上去。他站在一张方桌上，处于人群当中。他滔滔不绝地说，鼓励青年认识北洋军阀统治的黑暗，走自己的路。在秋风萧瑟中，没有扩音器，也没有扬声喇叭，但听者专心致志，激动感奋，听得一清二楚。何以有如此震撼人心的力量？是鲁迅先生人格的力量。这种人格魅力来自于品德崇高、学识渊博。这样的教师给我们以高山仰止的感觉，是我们学习的典范。我们尽管与他们的学识、文化、人格有天壤之别，但千里之行，始于足下，只要执着追求，也是能取得长足进步的。教育学生是个过程，不管教师自觉不自觉，对学生都在起作用，产生影响。不是正面作用，就是负面作用，对学生的影响不可能是"零"。

"桃李不言，下自成蹊。"教师的高尚品德，对学生有润物无声的教育效果。教师兢兢业业、一丝不苟的工作作风会直接影响学生对待学习的态度，也会对他们日后的工作态度产生积极的影响。因此，教师要严格要求自己，时时处处以身作则，为人师表，做到育人先育己，育己先育德。用自己良好的品德修养、坦荡的胸襟、高尚的情操、正直的为人去熏陶和感染学生，教育和规范他们的言行，发挥榜样的作用，达到"润物细无声"的效果。

第三节　迈入社会实践大课堂

《国家中长期教育改革和发展规划纲要》指出："创新人才培养模式，就要注重知行统一。坚持教育教学与生产劳动、社会实践相结合。开发实践课程和活动课程，增强学生科学实验、生产实习和技能实训的成效。充分利用社会教育资源，开展各种课外及校外活动。加强中小学校外活动场所建设。加强学生社团组织指导，鼓励学生积极参与志愿服务和公益事业。"青少年阶段是人生的"拔节孕穗期"，最需要精心引导和栽培。

"百年大计，教育为本，教育大计，教师为本"，作为道德与法治教师，我们应在教学实践中大胆创新，不断活化自己的课堂，不断创新自己的教学手段和教学方式，更应将课内与课外有机结合起来，让学生逐渐喜欢上自己的课堂，实现从"有意义"到"有意思"的转变。

俗话说："课堂小社会，社会大课堂。"道德与法治课的课堂决不应局限于封闭的课堂之内，尽管课堂的现代化为道德与法治课堂增添了无穷的魅力。但是最有生命力、最鲜活的成长园地永远离不开丰富而广泛的社会大课堂的滋养与孕育。道德与法治教师的视域也决不能停留在窄小、有限的教室一隅，而应积极地、富于创造性地将课内与课外有机结合起来，用鲜活生动的社会教育资源服务于学生，用形象具体的案例吸引学生，让学生在社会实践的大课堂中历练自己、丰富自己、成就自己。

一、学科内容的教学与社会实践活动紧密结合

道德与法治学科是一门综合性的德育课程，其内容具有较强的时代性、教育性、交叉性、实践性的特点。它承担着培养什么样的人、怎样培养人和为谁培养人的时代责任，肩负着立德树人的根本任务。作为德育课程的核心学科，其教学内容与社会实践活动关系密切，深刻体现了理论与实践相结合的学科特色和学科要求。从本质上而言，这门学科的价值既体现在学科内容的博与精、情与趣、美与朴，也体现在社会实践活动上的学与思、静与动、形与神的相融相映相生。从学科内容的教学与社会实践活动紧密的结合程度而言，博精与学思相融，体现二者结合的科学性；情趣与静动相映，体现二者结合的价值性；美朴与形神相生，体现二者结合的审美性。因此，教师如何深刻挖掘学科内容的教学与社会实践活动结合的学科价值就显得尤为重要，这就需要教师具有较高的专业素养、较全面的教育教学理论功底、较综合的多学科知识与实践能力。

1. 博精与学思相融，体现结合的科学性

教学内容的"博"指的是学科内容包罗万象，教师要从宏观上整体把握。教学内容的"精"指的是突出学科核心价值功能的专属内容，强调政治性、时政性和专业性。"学思"主要指的是社会实践层面的要求，即教师要精心设计问题，教学要精选与社会实践结合最紧密的话题，精心设计成社会实践话题。以问题带思考，以思考促体验，从而实现二者结合的科学性。内容设计重在引导学生关注时政热点，聚焦社会焦点，把课堂延伸到工厂、农村、社区等场所，在体验中感受社会的进步和国家的发展。这一过程最紧要之处在于启发学生实践的方法和思维的深度。教学实践证明，实现这一教学目标离不开与社会实践的有机结合。即将课内与课外相结合，使知与行相结合，在学生体验过程中实现内容的科学性和生活的真实性的统一。

学科教学内容上的博精要求教师先把道理讲明白、讲清楚。北京师范大学教授李晓东说："教师讲统编教材的时候，第一条叫作坚持国家立场，就是你要清楚，你是在讲政治课而不是在讲别的什么课程，说白了不是给学生只是讲一个故事就完，每一个故事都是有教育意义的。第二个，我们在这个基础上，就要强调所谓的讲好中国故事，一定要用一种讲好故事的方式，让学生从可感受或者可参与的社会生活当中，去理解我们所在的这个社会，同时，把这个社会的发展进程和他自己的成长经历联系起来。用这样一种关联性，学生就能够感受到，他是在生活之中的，生活不是远离于他的。学习的过程和他的成长过程能更好地一致起来。"这里李教授重点强调了讲清楚、讲明白的重要性和科学性，但如何将抽象的"讲"变成具体的学与思、感与悟呢？

这就需要在实践中强化学与思的作用。需要教师在教学实践中整合教学内容，科学设计实践性问题，将书本上的知识与实践中的体验有机结合，从而促成学生情感、态度、价值观目标的自然提升。

如教师根据教学安排，组织学生赴农村开展"走进社会，体验生活，交流情感，提升能力"的社会实践活动。具体内容如下：

确立社会实践目标：

通过农村社会实践活动，培养和提高学生的自理、自立能力，树立和增强学生的勤俭节约意识，增进学生的适应能力和人际交往能力，丰富学生的社会阅历，培养劳动观念，把社会作为学生增长知识和才干的第二课堂，珍惜幸福生活，顽强拼搏，立志成才，奉献爱心，造福社会。

精心设计活动内容：

简要概括为"十个一"：

1. 住农村学校学生宿舍，感受一次农村学生的寄宿制生活；

2. 走访农村家庭，了解一户农民家庭的生活状况；

3. 向农民学习，参与一项力所能及的农村劳动（收玉米）；

4. 参观民营企业，感受一下农村民营企业的创业过程；

5. 考察当地教育，提一条发展农村教育的有价值的建议；

6. 观看演出，欣赏一回民间艺术家的绝活表演；

7. 拍摄你眼中的农村，办一期乡村振兴摄影作品展；

8. 关注社会，学以致用，写一篇社会实践感悟，并形成班级文集；

9. 感悟农村，见证成长，召开一次主题班会活动；

10. 收集资料，积累素材，出一期高质量的板报。

活动形式和要求：

1. 出发前教师下发本学科确立的研究性学习的有关课题，学生以小组为单位确立本小组的研究性学习课题，课题内容既可参照参考课题，也可自行选定。

2. 出发前要求各小组对本组所选定的课题进行一定的资料收集，以便与实践基地的师生进行交流。

3. 考察和体验中，要求各小组派专人汇总相关的资料，当天及时撰写体验感悟，随时记录考察日记。

4. 返校后及时进行成果梳理。评选优秀考察作品，包括将收集的作品成果整理成书；收集优秀摄影作品，进行摄影作品展并评选优秀摄影作品；布置研究性学习展板，向全校师生展示学习成果。

5. 以年级为单位，在学期家长会上，选派优秀的小组进行结题报告，向家长汇报学习成果。

6. 以班级为单位评选社会实践先进集体、模范个人，学校统一进行表彰。

学生学习与思考的问题：

1. 今天，我是这样度过的……

2. 在你走访农村家庭时，多观察，多交流，简要概述你对该户农民家庭生活状况的了解。

3. 请你对当地教育好好考察一番，提一条发展农村教育有价值的建议。

4. 社会实践虽然短暂却非常充实，身处其中的你收获了什么？感悟了什么呢？

2. 情趣与动静相映，体现结合的价值性

"情"指情绪、情感。道德与法治课的教学内容要从"知"生发成"情、意、行"。其中的"情"起着桥梁和纽带的作用。"情"的生发离不开"趣"的介入和牵引。这里的"趣"指的是兴趣、趣味。学生对自己感兴趣的内容往往愿意主动去探索、去发现。情趣结合，教学效果和实效性就能自然而然地生发出来，其学科价值性自然就能生成。道德与法治课堂的价值性源于教师对教学内容的深刻认知，承认事物的多样性体现了人对客观世界的尊重。对于世界观、人生观、价值观尚未形成的初中生而言，其对事物的认知一方面来自自身的切实经验，一方面来自于书本，还有一个方面就是社会实践。社会实践对于学生是非观的培养意义重大，是非观的教育决不是仅仅让学生明白事物的对与错，关键是让学生懂得看待对与错的态度。一切将问题简单化的归因思维都是不可取的，道德与法治课的课堂，应该使学生在一次又

一次思想与现实的碰撞中得到科学理性的滋养，而实现这一目标显然离不开情趣与动静相映。

情趣与静动相映，离不开生活情境的创设。兹以《防范侵害，保护自己》的教学片段为例：

情境体验，丝丝入扣。教师要拓宽学生的思维领域，可以通过创设情境，拟订角色扮演从而生成思想模块。在本课的教学中教师设计了如下事例：一天下午，9岁的女孩小叶，出门到对面的超市去买学习用品。在超市门口小叶遇到了两个成年男子。其中一人对她说："你妈妈有点事让我来接你，走吧，车就在这里。"在小叶被扔进车子后座才明白过来，这两个人就是老师平时说的坏人。这个情境创设之后教师让学生续写结果并提出问题："为了避免悲剧再次发生，你想对小叶说些什么？"这就是在特定情境的创设下让学生模拟真实的生活场景，来切实感受生活之中的种种可能性，从而使学生明白预防和体验认知的重要性。

明理辨非，演练增智。情境创设好之后，重要的一环就是让学生实战演练，增长才智。在真实体验当中感受事物变化的积极方面，深挖益处，为我所用，是在提升一种乐观面对生活的积极态度和处事方法。在前期铺设问题的基础之上，教师讲道："在不法侵害发生之前，我们可以保持高度的警惕予以防范，但是不法侵害常常是防不胜防的，那么在不法侵害发生、进行的时刻，我们又该如何应对呢？"此时，教师将全班学生分成四大组，针对各种险情，探究如何保护自己，或讲自己的亲身经历，或讲述成功自我保护的案例，每组选派代表以自己擅长的方式汇报探究结果。通过探究，学生很自然地将自我保护要领做了全面而准确的归纳。

教师通过巧妙的情境创设，将生活中可能发生的情境迁移到课堂之中，从而完成了教学内容由"静"至"动"的转变。在课堂训练的基础上，教师再组织学生到少管所参观或请公安部门的工作人员来校为学生做讲座，这样就实现了内外结合，完成了与家庭、社会的对接，学生的价值认同感也将会在潜移默化中自然生成。

3. 美朴与形神相生，体现结合的审美性

教学内容的"美"指的是结构的严谨之美和理论体系之美。"朴"指的是教材文字和选材的质朴与实在。形与神指的是社会实践活动既要有活动形式上的设计之美，更要有活动内涵上的神韵之美。形神兼备是中华文化的审美意象，教材内容之美朴与社会实践形式和内容的形神之美相互映衬，体现了审美性的特征，也符合习近平提出的思想政治课必须坚持"八个相统一"中的坚持价值性和知识性相统一，坚持理论性和实践性相统一，坚持统一性和多样性相统一，坚持显性教育和隐性教育相统一的要求。由此可见，道德与法治课的教与学既需要形式创新、内容深化和学理支撑，更需要社会实践平台的搭建与浸润。教师只有处理好道德与法治课中的美朴问题，才能彰显理论的魅

力，增强道德与法治课的说服力，也才能真实体现学科特有的思维之美与逻辑之美。而美朴与形神相生将会实现教学内容与社会实践的有机结合，教师应当善于挖掘课程中两者相映的连接点，并将其明确分享给学生。

在讲授《我与集体共成长》时，长春市新朝阳实验学校的佟彤老师给学生留了一个行为作业，要求学生以一个月为期限，每日三省自身，每天晚上利用十分钟的时间围绕以下三个问题记下"我与集体共成长"的日记。第一个问题是"今天我为集体做了什么好事？这件事让我感到快乐了吗"，第二个问题是"今天集体让我感受到了温暖和力量了吗？这种力量的源泉是什么"，第三个问题是"今天我的进步和成长与集体的进步和成长同步了吗？我该怎么做会更好"。同时，佟彤老师还布置了一个特殊任务，让同学们"以小组为单位，利用周末或假期时间走到社区或公共场所，借助集体的力量，共同完成一项公益活动，并将活动过程及成果记录下来"。

教师要求学生认真完成上述行为作业并请父母监督，同时选出自己最喜爱的科任教师担任自己的成长导师。教师将在每月的最后一节课举行成长汇报会，每位学生都要将自己一个月以来与集体共成长的事例总结成小故事，在全班范围内进行交流。其中重要的一条就是要求学生把在成长中遇到的困难和苦恼开诚布公地提出来，寻求同学们的集体帮助。在反思碰撞中，学生的道德情操潜移默化地得到内化和升华。学生们的言行也在发生微妙的变化，班集体也在这样的共享中建设得更和谐、更友善。

道德与法治课的教学内容丰富而充实，恰当地处理好美朴与形神之美的关系，还须教师团队共同合力。只要教师心中有学生，脑中有思想，行动中有落实，就一定会在教学实践中产生更多的好点子、好做法，在学生成长的道路上，架设起一座从感性走向理性的桥梁，为学生核心素养的培育贡献出自身的价值与力量，帮助学生迎来更阳光、更美好的人生。

二、以生活为纽带，以活动任务为依托，上好社会实践课

从初中生生活实际出发，从生活中来，到生活中去是道德与法治课堂教学的生命源泉。生活是所有教学的开始，有思考的生活是所有教学的归宿。教师应努力通过课堂教学、社会实践、国内外游学等多渠道综合发力，帮助正在成长中的学生及时了解中国、了解世界，使学生能够适应这个变化的时代，活出生命的意义和价值，实现其人生价值，担负起这个社会赋予其的责任。以生活为纽带，不是自然而然地复制和假借，只能通过真实的实践体验将生活的哲学意义融入学生主动对自己生活的思考，让学生在体验中生活，在生活中体验，这是道德与法治课堂的独特魅力。

以学生成长需求为出发点，关注学生核心素养培育，用真实体验的活动设计，依托有生活、有挑战、有反思的活动任务，搭建书本知识、理论知识与真实社会、真实生活相联相通的实践平台，在实践的体验中，将理论层面的知识实实在在地转化成对生活的真实认知，从而形成学生终身受益的必备品格和关键能力，即实现对学生学科核心素养的内育。只有这样，才能在我们的课堂中很好地回答怎么去更好地落实立德树人，怎么更好地在这个过程中把培养什么样的人、为谁培养人、怎么培养人这三个非常重要的问题落到实处。因此，上好社会实践课，是道德与法治教师教学的核心价值追求，也是国家对道德与法治教师的殷切厚望。

1. 精选生活场域，夯实实践平台

华东师范大学教授叶澜说："我们的教育，或强调德育，或强调体育，就是不善于在整体综合的教育活动中培育整体的人，用丰富的教育活动去培育多方面发展的人。我们习惯于把一个一个教育活动剥离开来，它本身就违背生命的真实存在状态。""教育对生命的思考不能局限于人，还应包括整个自然界。凡是有生命的，我们都可以和它对话。"基于此，我们既要把道德与法治课当作培养学生成长成才的"普通课""专业课"，更要把道德与法治课当作对学生进行思想引领和价值引领的"特殊课""综合课"，兼顾校内校外两个大课堂，推进道德与法治的改革创新。由此可见，精选生活场域，夯实实践平台，科学设计实践活动，明确活动目标和任务，精心设计活动方案以及活动评价，对于发挥道德与法治课的育人功能具有重要作用。

搭建实践平台，精选实践基地。"搭建实践平台"指的是搭建各种

社会实践基地，为课堂教学服务，实现课程实践从校内走向校外的目标。教师要了解和熟知学生在初中阶段和未来阶段经常或有可能的活动场域，并通过学校的力量和社会的力量建立起比较稳固的实践平台，使之成为学生道德生成的体验场，人格成长的实践基地。根据学生生活的实际和成长的需要，可以与部队建立学军基地；了解农村、农业、农民，可以建立学农基地；了解未来职业，可以建立职业体验基地；进行爱国主义教育，可以建立爱国主义教育基地，等等。热爱家乡、了解家乡可以与所在地的大学与高新园区、革命博物馆、企业集团等建立合作关系，拓展实践研修基地资源。教师应积极设计"文化实践""法治实践"等实践研修路线，精心设计实践研修活动内容，开展实践研修教育。

开发红色资源，充盈红色文化。教师应注重将思想政治教育与富有特色的节日活动结合起来，与校园文化建设等结合起来，不断创新活动形式，拓展活动载体。同时，重视革命文化教育，运用好文本及多媒体红色教育资源，通过国旗下的演讲、诗歌朗诵、主题班会、主题手抄报展示、观看红色电影等一系列形式，营造"充盈"的红色文化。通过举办红色文化活动哺育新人，通过一些历史内容，一些人物，一些事件，由小处着手，最终让学生体会背后的精神；走出校门参观红色纪念馆，举办各类爱国主义教育活动，让学生铭记历史、珍爱和平，提升师生素养。

受邀参与学校思政理论课教师座谈会的中学政治教师代表吴又存说："思政课教师应该主动带领学生走进革命烈士陵园进行凭吊，学习革命烈士为人民幸福、为共产主义理想抛头颅洒热血的英雄事迹；带领学生走进红色历史旧址和纪念馆，学习回顾中国共产党领导革命和民族独立的历史；带领学生走进革命博物馆，了解中国人民解放军为祖国、为人民不怕牺牲英勇作战的鲜活历史；帮助学生树立为国家富强、民族振兴、人民幸福而奋斗的理想信念。"

2. 精确活动任务，落实核心素养

北京师范大学哲学学院副教授李晓东在做客义务教育统编三科教材系列访谈时说："我参加了统编教材《道德与法治》八年级上册的编写工作，我是那个分册主编。在编这版教材的时候，我感觉最大的一个特点就是与时俱进的维度。我们的编写团队，还有人教社的编辑团队都认为，我们的核心问题就是把当下最真实的、最鲜活的材料给孩子们，让他们去理解在这个社会当中应该做些什么事情。所以，在整个教材编写过程中，我们更加突出那种社会责任感的教育，那种家国情怀的教育。我们在这个维度上做的事情比较多。"在此李教授提出的"最真实的、最鲜活的材料"是什么呢？这些材料的来源在哪里呢？所有这些思考都要求道德与法治教师在实践教学中，密切结合校情和学情，主动开设社会实践特色课程，积极落实核心素养并使之成为教师教育教学行为的自觉选择。

明确任务，拓展教学。采取任务驱动学习项目，可提高学生进行社会实践的热情与积极性。教师首先要科学设计活动方案，明确实践任务。如教师组织学生到现代化大都市上海参加社会实践时，明确了如下探究目标与任务：

最难忘的集体：通过"我"印象最深刻的社会实践，对集体生活进行回忆，交流感悟集体生活带来的安全感、归属感、自豪感和集体荣誉感，明确只有不断加强集体建设，遵守集体规则，每名同学在集体中不断做出相应的努力，才能在集体中感受到更多的温暖。

争当自立好榜样：通过对社会实践中"自立"的理解的分享，引导学生知道什么叫自立，自立对青少年的成长具有怎样的意义，初中生应如何做到自立，帮助学生确立在社会实践中与"自立"有关的小目标。

我是自信附中人：通过对教材中"自信"内容的学习，同学们对"自信"已经有了一定的认知，能够分享自己的优势与长处，并规划如何将自己的优势在社会实践中发挥相应的作用（例如，可以在晚会中为班级出节目，可以在社会实践中帮助其他同学，等等）。

此外，道德与法治教师要集全组合力，建立社会实践教学资源库，将实践成果有针对性地应用到课程教学中。有效组织全体学生参加社会实践、志愿服务等活动，了解乡情民情，在社会大课堂中深化理论学习，实现生活逻辑和知识逻辑的和谐统一。

移动课堂打开实践新窗口。习近平总书记指出，思政工作要"因事而化、因时而进、因势而新"。为了发挥学生在学习中的主体地位，教师要主动收集、梳理、分类学生关注的问题，积极开发与学科课程相配套的移动课堂，完善"课堂精讲、实践体验、移动课堂"三位一体的教学模式，把主题教学、实践教学等有机结合，不断增强道德与法治课的针对性和吸引力。尝试拍摄微型剧，利用学生喜闻乐见的载体提升学科育人质量，锻炼学生，培养他们的团队意识，鼓励他们关注社会热点，唤醒学生的主动性，也激发教师的创新动能。这些必将成为道德与法治学科创新改革的重要参考。

实践活动应成为"原生课堂"。教师根据具体教学内容为学生准备丰富的社会实践"菜品"，指导学生成立道德与法治社会实践调研小组，根据教学内容和学校实践基地确立调研主题，关注实践过程，并形成调研报告。实践调研课程应成为学科实践教学的一个重要组成部分，有条件的学校应成立实践教学领导小组，下设实践教学专门机构，负责推进道德与法治实践教学改革，通过理论教学与实践教学互动，使原生课堂与次生课堂相连接，形成教育良性机制。

3. 精心反思收获，铸实成长轨迹

道德与法治课是实践课，需要在推进道德与法治小课堂与社会大课堂的深度融合上下功夫。纸上得来终觉浅，绝知此事要躬行。道德与法治课绝不能只在学校课堂上讲讲，还要与生产劳动和社会实践相结合，发挥社会大课堂的育人功能。其中一个重要的环节就是精心总结学生社会实践的收获，将反思收获变成促进学生生命成长的重要一课。

学生在成长中最难忘的往往是教师组织的一次又一次的社会实践活动，他们在体验与反思中记录着自己的成长，书写着成熟的历程。以下是教师组织学生赴上海参加社会实践后学生的一篇活动收获。

绿星少年上海行

东北师大附中明珠校区　七年七班　李昊达

阳春四月，长春的寒凉还未褪去，而我们满怀期

待，1000 多人开拔，浩浩荡荡地奔赴上海——那早已笼罩于一片浓浓春色的东方大都市！

这六天里，上海已从我童年眼中的一片新奇，庄严转身，变成绿星少年的实践与学习的新天地。此行，于我是故地重游；于上海，则是拥抱由一个稚气幼儿变成阳光少年的我。此次，它迎接我的世界，是上海独树一帜的视角——东方绿洲实践基地。

东方绿洲，是我们实践体验的新课堂！这里培养了我们的合作精神、探索精神：我们体验了富有挑战的趣桥世界、勇者闯关；考验团队精神的拓展训练、龙舟竞渡；勇往直前的 CS 军事演习……一个让我丰富体验、快乐成长的全新上海，被愉快地描绘在又一个回忆上，而且更加美妙。

纵观上海历史，它曾在战火纷争与摸索中飞速地成长。东方绿洲的特色景点——中国兵器博物馆，也体现了上海发展的底气所在——兵强方可安邦。

远观，那一比一的航母模型气势雄伟，令人叹为观止！

从模型尾部的大门望进去，墙壁上黑白相衬的浮雕，从古时刀锋相见的剑、斧，到今日驰骋天空的飞机，处处经典，皆是古往今来人们智慧与汗水的结晶，它们默默地诉说着气魄与力量！

走过正门浮雕墙，就是地面突击与防空武器。这些钢铁猛兽，无论矗立于这里还是屹立在万里边疆，都是在捍卫家园、守卫和平。

走出航母侧门，就是退役后泊于这里的潜艇。一睹曾经守卫边疆的功臣风采，也是对我们勇气的考验：进入潜艇，要通过一道狭窄的抗压门，再走下几乎垂直的楼梯才能到达鱼雷艇，接下来一路通过小巧却一样不少的住宿舱、雷达和声呐室、洗手间乃至厨房。潜艇虽狭小，寸土寸金，但因为军人的坚毅与果敢，官兵们的生活也别有一番快乐滋味。置身潜艇之中，仿佛穿梭于波涛之下，那是一个自由却危险的世界——战士们冒着牺牲的危险在戍守边疆第一线。我们的心中腾起更浓的敬意，向中国军人敬礼！

时光飞逝，离开东方绿洲，我又回到春意跃跃欲出的长春，这里已"草色遥看近却无"，即将满目绿色，绿星少年再次融入那片充满希望的绿色中，将用誓言、用行动、用团结共圆青春之梦！

学生的自我感悟、自我总结才是学生主动的生命成长，才是学生一生的宝贵财富。弘扬主体精神，培养自我管理、自我教育、自我发展意识，是道德与法治课作为德育主阵地的题中应有之义。"策划精心、组织精密、活动精彩、总结精细"是实践育人的具体体现，也是铸实学生成长轨迹的核心要义之所在。

在体验与感悟中触动学生的心灵。丰富多彩的社会实践活动，就像是一堂生动活泼的课堂教学，赢得了学生、家长和社会各界的高度赞誉。许多家长在与教师的交流中，明确表示了对学校开展这项活动的认可，表达了对学校的感谢。在述说孩子回来后的各种变化时，普遍说孩子的娇气任性没了，懒惰散漫少了，而自理自立能力强了，也懂事多了。

当教师带领学生走进农村实践后，这些城市中的学生与农村学生一起学习，一起生活，一起劳动，了解乡村振兴的美好前景，感受农村学生质朴的美德，体验粒粒皆辛苦的艰辛，从而养成了勤俭节约的美德，更加理解了家长的辛勤和操劳，丰富了自己的情感世界。

最适合的教育就是最好的教育。教育具有丰富的内涵，最贴近学生、贴近生活的教育，才是最有效的教育，才是最优质的教育。教育需要多样性，多元化，学生们渴望了解更多未知的事物，期盼探究未知世界。尊重学生个性发展需要，创新教育格局，开发学生潜能的实践课，正是根据学生现实需要，满足学生心理需求的教育课程。

这些社会实践课程，较好地培养和提高了学生的自理、自立等综合能力；树立和增强了学生的自信心；增进了学生的适应能力和人际交往能力；丰富了学生的社会阅历。作为学生增长知识和才干的第二课堂，社会实践课程已经成为素质教育的重要载体和平台，成为学生成长的必修课，也在一定程度上真正实现了道德与法治课从"有意义"到"有意思"的转变。

第四章

有信仰的人讲信仰

人们都说："教师是人类灵魂的工程师。"许多教师正是擎着这个信仰，胸怀理想，献身祖国教育事业，从教书匠锤炼成教育家，在教书育人的岗位上努力践行着一位师者的修养、人格，努力去塑造合格的人。"让有信仰的人讲信仰"，值得我们广大教师思考、体悟和践行。

第一节　政治要强，情怀要深

古人说过："经师"易得，"人师"难求。人民教师区别于教书匠的根本之处，就在于人民教师有育人的理想和追求，传递政治素养，传承家国情怀。

一、保持政治清醒

思政课教师要给学生心灵埋下真善美的种子，引导学生扣好人生第一粒扣子。肩负着重要使命和责任担当的思政课教师，要善于从政治上看问题，在大是大非面前保持政治清醒。

1. 立场稳

立场稳就是要求教师的政治态度鲜明，政治方向明确，政治意识清晰，政治底线牢固。只有这样，才能正确地引导学生成长。思政课教师要自觉地运用马克思主义的基本原理、立场、观点和方法来设计教育教学内容，面对学生讲清育人和做人的道理，重点解决"培养什么样的人""为什么培养人"和"怎样培养人"的问题。

2. "三观"正

"三观"是指世界观、人生观、价值观。三者是有机的整体，其中世界观是一个人对整个世界的一个总体的看法，在这三种观念中起着决定性的作用，人生观和价值观是世界观的重要组成部分。思政课教师的责任在于"立德树人"，青少年是祖国的未来、民族的希望。我们党立志于中华民族千秋伟业，必须培养一代又一代拥护中国共产党领导和我国社会主义制度，立志为中国特色社会主义事业奋斗终生的有用人才。在这个根本问题上，必须旗帜鲜明、毫不含糊。我们的教育就是要通过我们一线教师的言行，对学生进行引导，就像对待小树成长一样要去歪刺，使其长直长顺。在这个过程中，教师对于学生的影响往往是超过学生父母及其他一些因素的。

3. 意识清

要有牢固的底线意识。"研究无禁区，宣讲守纪律"是思想政治理论课教师的基本职业操守，讲什么不讲什么、什么能讲、什么在课堂上不能讲，一定要有规矩底线，这也是思政课教师的基本政治素养。

要有为国家、为民族培养堪当大任的建设者和接班人的责任意识。思政课教师不能把从事的工作仅仅作为一种职业，而应当作为一项事业，要有使命、担当的意识，从而才会有坚定的自信心和自豪感。

思想政治课的本质是铸魂育人，要讲好思政课，讲授者一定要有信仰。坚定马克思主义信仰，是思想政治理论课教师必备的素质，是对学生进行价值引导的主体，通过教师的讲授，让信仰更有魅力，让讲信仰的人更有本领，让信仰传递得更准、更快、更深。

　　某校道德与法治教师在讲授统编教材八年级下册"人民代表大会制度"这一知识点时，引入时政内容，用"两会"视频导课。用"两会"最新的时政新闻作为课程拓展的资源，通过精心的教学活动设计，引导学生关注国家政治生活，使其增强责任感与主人翁意识，锻炼公共参与能力。鲜活的视频内容，冲击学生的视觉，通过教师的课前学案作业，引导学生分组讨论，教师预设提炼问题：人民代表大会制度的基本内容是什么，人民代表大会的职权是什么，人大代表履行的职责以及人民代表大会制度的优越性是什么。学生从时政视频中搜索信息，理解、懂得了"人民代表大会制度是我国根本政治制度"这一教学重点。

新课程标准强调："学科核心素养是学科育人价值的集中体现，是学生通过学科学习而逐步形成的正确价值观念、必备品格和关键能力。思想政治学科的核心素养，主要包括政治认同、科学精神、法治意识和公共参与。"在这节课中，通过学生的课前学案作业，借助"两会"时政视频，通过预设相关议题的思辨评析等教学环节，帮助八年级学生理解"人民代表大会制度的优越性"，更好地构建在我国一切权力属于人民的知识体系，从而增强其对中国特色社会主义政治制度和政治体制的政治认同。这就将培育学生的信仰意识与政治认同润物细无声地渗透到了学科学习之中。

二、拥有家国情怀

所谓"家国情怀"是一个人对自己的国家和人民所表现出来的深情大爱，是对国家高度认同感、归属感、责任感、使命感的表现。当代中国人必须传承这一传统美德。家国情怀理应成为道德与法治课程培育的核心素养。

1. 教师的"家国情怀"

史书万卷，字里行间皆可见"家国"。无论是"修身、齐家、治国、平天下"的人文理想，还是"先天下之忧而忧，后天下之乐而乐"的大任担当；无论是"人生自古谁无死，留取丹心照汗青"的忠诚执着，还是"天下兴亡，匹夫有责"的豪迈誓言……"家国情怀"早已沉淀为中华儿女的内在品格，成为中华优秀传统文化的宝贵财富。

教育之情源于对生命的敬畏，教育之怀则是使命使然。教育本来就是有情怀的事业。中华文明，绵延不绝、薪火相传，依靠的就是道贯古今的师者，化育天下的师者情怀。教师对教育事业的奉献，应该像小河奉献给大海、阳光奉献给大地那样无私、那样无怨无悔、那样一往情深，在奉献中体现价值，在平凡中成就伟大。教育是神圣的精神事业，教师是人类灵魂的工程师，教师要有母亲般的情怀，无私大爱；教师要有医生般的情怀，治病救人；教师要有向导般的情怀，指点迷津；教师要有园丁般的情怀，殷切期待……教育是一种情怀，更是一种责任。

教师这个岗位还天然与人、与社会、与民族国家的未来紧密联系在一起。梅贻琦先生曾经说过："我们做教师的，最好最切实的爱国方法，就是致力学术造就有用人才，将来为国家服务。"可以这样说，如果一位教师不能将自己的工作与祖国的前途和民族的命运对接起来，那么就注定他永远不可能达到"真教师"的最高境界！读苏霍姆林斯基，为何总会有高山仰止的感觉？品陶行知，为何总会觉得他是中国现代教育史上一座绕不过去的丰碑？除了他们深厚的知识素养，精湛的教育艺术，博大的仁爱之心，但最根本的一点是他们无限崇高的爱国情怀！他们的一切教育行为，均是从祖国前途和民族命运的高度出发，绝不在个人私利方面缠绕徘徊。唯其如此，他们才能真正善待每一棵小草尖上的露珠，他们才能在工作中迸发出无限的智慧灵光，他们才能超越简单的技术层面直达教育的真谛，他们才能坦然地"捧着一颗心来，不带半根草去"，他们才能成为教之大者，育之圣人！

2. 教学的"家国情怀"

家是最小国，国是千万家。新时代的初中道德与法治教师，要以科学精神、严谨态度肩负起传递国家意志的重要责任，执着地培育适应国家和社会发展需要的新时代人才。家国情怀教育可凭借丰富多彩的教育手段，优化课堂教学设计，根据每节课的不同内容去设置情境，引入传统经典文化，将家国情怀融入学科教学之中。

　　某校道德与法治教师在讲授部编教材七年级《爱在家人间》一课时，是这样进行教学设计的。
　　首先，让学生们课前诵读圣贤经典《弟子规》。诵读圣贤经典，耳濡目染，在潜移默化中陶冶性情，开阔胸襟。由"爱"引出"孝"。以小组为单位请学生分享自己家长"爱"与"孝"的故事，展开课堂小故事会，体会父母的爱是最伟大、最无私的爱。再诵读唐代诗人孟郊歌颂母亲的诗《游子吟》。教师追问学生："再读《游子吟》想说些什么？能否由诗中母亲想起自己的妈妈？你的父母在生活中是如何关心你的？来说一说父母的好。你如何回报父母的爱？"在诗的情境中、在影音中，学生反省自己，涤荡心灵，学会感恩。同学们坐不住了，七嘴八舌地议论开来，教师索性不打断他们，让他们自己反思，教师扮演聆听者的角色。望着他们专注的眼神，自责的神情，师生深深地被感动着，感受到了学生们稚嫩的、纯真的心灵！

这是一次心灵沟通的尝试，一次情怀的渗透。战国时期，管仲曾说过："十年之际，莫如树木；终身之际，莫如树人。"孩子的心，就像春天的泥土，播什么种，便发什么芽。但是养分充足，方可茁壮成长。

在这一节课中，应该说教师和学生是一起进步的，当孩子们学会感恩、报恩时，当孩子们明白行孝从现在做起，切莫留下"树欲静而风不止，子欲养而亲不待"的遗憾时，当孩子们懂得古语"老吾老以及人之老，幼吾幼以及人之幼"的深奥含义时，当孩子们意识到要服务社会、服务国家孝天下时，我们是激动的、兴奋的、自豪的……

一节有情怀的课堂，提倡价值引领，做到价值导向启迪学；提倡引入经典文化，做到传承文明激励学。作为一线教师，我们都懂得，选择当老师就选择了责任，就要尽到教书育人、立德树人的责任，并把这种责任与情怀体现在平凡、普通、细微的课堂教学之中。

第二节　思维要新，视野要广

我们要使培养学生掌握思想政治的相关理论并内化为其信仰理念，思政教师就要学习、信仰马克思主义，做坚定的马克思主义者。当然，相应的思维和视野也要更加高瞻远瞩，在知识教育和信仰教育之间，就要在思维上学会创新课堂教学，就要在视野上学会进行纵横比较。

一、创新课堂教学

教育是科学，科学的价值在于创新；教育是艺术，艺术的魅力在于求真。教学的深处是课堂，是课堂教学的生成，更是课堂教学模式的创新。它应该是一个师生共同学习、共同构建的教学发展过程，是一种开放的、互动的、动态的、多元的新型教学形式。

1."自主合作"的学习课堂

今日的中学生思想活跃，自主意识、参与意识及表现欲望较强，渴望自己的见解和看法得到老师和同学的肯定。因而，教师在课堂教学中更应注重学生自主学习能力的培养。传统的教学模式是教师当演员，学生当观众；教师在课堂上讲得口干舌燥，学生却不为所动，反觉得自己只是贮存教材内容的"容器"。这样就极大地扼杀了学生的自主学习意识，使学生的内心要求无法得到满足，也就自然地失去了对所学课程的兴趣。因此，在发挥教师的主导作用的前提下，要积极创造各种条件让学生充当教学活动的"主角"，引导学生主动、积极、自觉地学会学习，获取知识。

某校道德与法治教师在讲授《构建和谐社会》这一内容时，教师先让学生设计一个心目中的校园，这其中就会渗透情感、态度和价值观的教育。比如学生要爱校如家，要尊师敬长，要爱护公物；要运用科学发展观，制定保护环境的法规，还有审美、人文追求等，都要包含在设计里面。在这堂课的这一环节，鼓励学生敢于摆脱传统习惯、思维定式，通过自己的独立思考、判断，得出自己的结论，甚至提出独特的见解。允许学生仁者见仁，智者见智，教师再加以适时的引导来论证学生的观点。这样的课堂不仅有利于开发学生创造力的非智力因素，而且能充分调动学生自主学习的积极性，主动获得新知，主动交流分享，很好地培养学生的情感、态度、价值观，大大提高教学效果。

在这样的课堂学习中，教师倡导自主、合作、探究的学习方式，把如何进行课堂交流突显得尤为重要。古人云："水本无华，相荡乃成涟漪；石本无火，相击而生灵光。"只有师生之间、生生之间不断进行思维的交流，智慧的碰撞，感悟的传达，体验的分享，才能使学生得到提高，使课堂呈现出缤纷的色彩。在学生自主学习的前提下，教师大胆地让学生以自由发言的方式进行交流讨论，能开拓思路、活跃气氛。

2."先学后交"的翻转课堂

翻转课堂的实质是通过调整课堂内外的时间和教学的流程，将学生与教师的学习任务进行重新分配。知识是靠学生主动获得的，教师的主要任务是指导学生。它改变了以往学生知识的获得靠的是教师的课堂灌输。课堂不再是围绕知识为中心的课堂，而是以能力提升为中心的课堂。根据这一实质课堂的"翻转"要把握两个方向：一是把知识交给学生，一是把能力指导交给教师。思政课堂解决的问题有案例、讨论、理论分析、情境模仿，通常以任务布置的方式交给学生。在课堂的翻转过程中，教师不再只是讲授知识，而且是针对学生对老师布置的任务和在完成任务的过程中产生的疑难问题给予个性化的指导，在帮助他们解决问题的同时，适当地加以概括总结和提升，从而实现课堂的有效"翻转"。

某校道德与法治教师在讲授统编教材八年级上册

《公民的权利》一课时，指导学生通过观看"微视频"后，上网收集在我们身边能够正确行使权利、保护未成年人合法权利的典型案例，以及不正确行使权利、侵犯未成年人权利的案例，并利用课上时间，学生小组合作交流分享。让人意想不到的是，学生们列举的多为侵权案例。如有的学生谈道，照相馆以盈利为目的，私自将未成年人的照片挂到橱窗内招揽顾客，是对未成年人肖像权的侵犯；有的家长或教师翻查学生的书包、手机短信内容，是对未成年人隐私权的侵犯；还有的超市保安怀疑顾客私拿超市物品，对消费者强行进行搜身，是对他人人身自由权的侵犯等等。这时教师巧妙地加以引导，让学生们换个角度看社会，通过对正确行使权利及保护未成年人合法权利等典型案例的分析，从正反两个方面加深学生对此类案例的认知。在此基础上引导学生将自己在各种媒体听到的、看到的及亲身经历的关于维权这一话题的社会现象，以及教材上所介绍的知识结合起来，进行小组互动，讨论分析，并学会依法维权，学会用学到的书本知识解决生活中遇到的问题，学会依法保护自身的合法权益，真正"学以致用"，达到既深化课堂知识的理解，又解决实际问题的目的，还培养了学生的法律维权意识，使课堂教学的知识、教育功能得到有机结合。

在这样的课堂学习中，学与教、课内与课外在教师引导下进行了翻转，先学与后教相得益彰，既调动了学生学习的积极性和主动性，又避免了教师一言堂或学生学习的浅尝辄止。教师的导引是撬动学生深度学习的杠杆，引领学生进行深度思考、深度探究，让生生、师生资源共生共长，让翻转课堂翻出意义、翻出价值。

3.“模拟法庭”的社会课堂

“模拟法庭”教学是对学生宣传法律知识、进行法治教育的一种有效形式。教师在模拟法庭中通过案例分析、开庭、仲裁等环节，引导学生积极参与其中，充分调动学生学习的积极性和创造性。学生可以根据自己的学习兴趣和学习需求自主选择学习方式和学习内容，在这种虚拟的社会中亲自去感知和实践，获得真实的体验和快乐。学生的学习兴趣会因参与而越来越浓厚，主观能动性也在这个过程中被充分调动起来，很好地培养了学生对法律知识的认识和运用能力。随着依法治国的深入推进，法治意识已成为中学生获得学科核心素养的必然要求。

　　某校的道德与法治教师在讲授统编教材八年级下册“国家司法机关”这一知识点时，采用模拟法庭实践教学。教材的内容知识简单介绍了人民法院和人民检察院的性质、基本职能、行使职权的要求等基本内容，对学生而言比较抽象，容易产生疏离感。于是教师引导学生课前查阅大量司法机关的相关知识，并以角色代入的方式了解相关工作人员办案的流程及要求。针对案情及争议点再创设法庭答辩的环节，达到在案例中普法、在学习中预防犯罪、培养自我保护的能力。

这样的法治教育，搭建了法律知识与实践活动相互转换的桥梁，培养了中学生的法治观念，树立了法治让生活更加美好的理念，使学生最终在思想上认同中国法治，在行动上学法、遵法、守法。

二、学会纵横比较

"纵横比较"是从时间和空间上全面地认识客观现象，发现事物内部联系的科学的分析方法。在学科教学中，对教材重点内容进行纵向贯通、横向交错的比较和指导，能很好地对两起或多起同类教学案例有全面的、系统的理解和认识，求同辩异，培养学生的辩证思维。学会纵横比较是新时代中学生应该具备的学科素养之一。

1. 知识视野下的纵横比较

比较是认识事物的一种方法。它是根据一定的标准把有某些联系的两种或者两种以上的事物加以对照，来确定它们之间的异同及相互联系，来形成对事物的认识。这种方法对教师而言随时都有用武之地，因为知识是错综交叉的，犹如一张无形的"网"。为了让学生轻松愉快、扎实有效地学习，在教学中，对学生所学知识进行纵横比较、适时梳理，使知识脉络化、系统化，这样既便于学生明确知识之间的内在联系与差异，又便于学生全方位地理解和掌握知识。

2. 国际视野下的纵横比较

在开放教育观的指导下，要学会国际视野下的纵横比较。为了帮助学生了解国际现状，思政教学内容要与时俱进，关注国际上的热点问题，同时要时刻联系学生的实际思想情况，不断满足学生思政学习的内在要求。在思政教学中合理利用先进的多媒体技术，运用其特有的优势，能够显著提高思政教学的自主性和灵活性，不断丰富和完善思政教学的内容。这些先进的多媒体技术，能够充分激发学生的好奇心，使其积极主动进行探索，成功勾起他们学习的兴趣，有效提高他们的课堂参与度。这样就要逐渐构建一个双向互动的立体化、开放化、国际化的教育平台，教师在这个大平台上，更要学会国际视野下的纵横比较。

3. 历史视野下的纵横比较

讲好思想政治理论课，做德艺双馨的思政教师是与历史和国际接轨的需要。从古至今，思想政治教育都是阶级社会发展的必然产物，是历史和现实社会客观存在的普遍现象。所以，思政教师要学会在历史视野下的纵横比较。思想政治教育课正是在学生逐步扩展生活经验的基础上，将正确的世界观、人生观、价值观、历史观，将马克思主义的立场、观点和方法，将中国共产党产生、成长、发展的历程和使命担当，将中国特色社会主义的历史、现实和未来蕴含在鲜活的实践中，蕴含在鲜活的生活主题之中，循序渐进地、潜移默化地渗透到青少年的意识之中，促进其正确的思想观念和良好的道德品质的形成和发展，使之成为有理想、有道德、有文化、有纪律的社会主义合格公民。

第三节　自律要严，人格要正

王崧舟老师说过："一位优秀的教师，必须有四大支柱：有丰厚的文化底蕴支撑起教师的人性，高超的教育智慧支撑起教师的灵性，宏阔的课程视野支撑起教师的活性，远大的人格境界支撑起教师的诗性。""师者，人之模范也。"知识能正确传授是我们的职业本性，透过本性看特质，其人格魅力更为重要。在学生眼里，老师是"吐辞为经，举足为法"，一言一行都给学生以极大影响。亲其师，才能信其道。教师有堂堂正正的人格，用人格的力量感化学生，用自律的力量感召学生，自觉做学生为学为人的表率，才能成为学生喜爱的人。

一、传递正能量

什么是"正能量"？正能量就是一切给予人向上和希望，促使人不断追求，让生活变得圆满幸福的动力和感情。教育需要培植和传递"正能量"，而培植学生的正能量，老师首先要具有正能量，并且在课堂及生活中积极向学生传递正能量。这样的教育才是"真教育"，这样的老师才是"真老师"。

1. 为师有道，积蓄正能量

没有爱，就没有教育。爱是教育的基石，教师是爱的使者。爱，犹如一块衔含在嘴里的奶糖，能使久饮黄连的人尝到生活的甘甜。陶行知先生以德立教，"爱满天下"，成为"万世师表"的楷模。正是由于他有了这种深切的"爱"，才有了他那种"千教万教，教人求真"的执着追求。我们的任务是真诚地将我们的爱心之雨露播撒在校园的每一个角落，让爱心之春水流进每位学子的心田，让他们在爱的浸润中，学会爱屋及乌，关爱我们身边的每个人。教师只有学会关爱自己的学生，了解他们特有的情感世界，懂得他们失败的痛苦和成功的喜悦，才能让他们在学习过程中时时体验到老师对他们的关怀，时时感受到努力得到的肯定，体验到学习的快乐和成功。当教师把爱和温暖送给每一个孩子时，孩子小小的心定会融化在师爱中，在充满爱的师生关系中，找到学习快乐，愉快地接受教育。

2. 为教有法，传递正能量

有人说，教育是知识与人的相遇，而教学是心灵与心灵的约会。有什么样的教育理念，有什么样的教育情怀，就会上出什么样的课。知识的获得不仅需要"心智"，更需要"心事"。我的理解是，教师要做一个有故事的人，就像莫言所说："故事都是旧的，但讲故事的方法却应是推陈出新的。"

在教学内容上善更新，在教学方法上善创新。我们期望学生在课堂学习中获得终身受益的必备品格和能力。于是，我们尝试着进行课前 3 分钟的学生时政播报，培养学生用正确的态度触摸社会时政脉搏，具有理性爱国的精神和对社会责任的担当；我们摸索着创设情境开展课堂活动，挖掘课程资源，弥补教材滞后的缺陷；我们思考着把我们的生活体验分享给学生，让道德教育"润物细无声"地渗透到学科教学中，使学科核心素养在 45 分钟的课堂教学中得以培养和发展。

　　某校的道德与法治教师在讲授统编教材八年级上册第四课"遵守社会规则"中的"诚实守信"这一知识点时，结合理论实际，在课堂教学中渗透诚信教育，传递正能量。

　　教师首先借助经典解读明晰诚信内涵，对书本知识进行挖掘；通过故事讲述让学生领会诚信的价值；通过榜样示范让学生懂得坚守诚信，引导学生在日常生活中践行诚实守信。帮助学生理解诚信是立身处世之本，中学生拥有诚信美德，是其成人成才、服务社会、报效祖国的德行前提和基本保证。对中学生而言，应该具有一种精神境界，一种必备的道德修养。教学最后的落脚点在校园大力提倡践行诚信："传递诚信是中学生高尚的人格力量；是中学生良好的品牌形象；是中学生宝贵的无形资产。中学生，要做一个诚信守信的人！"

　　有人说："告诉我，我会忘记；演示给我看，我会明白；让我参与其中，我会永远记得。"这句话给了教师很深的启示。为了强化教学效果，培养学生的实践能力，一线教师通常会采取多种教学方法进行教学活动的师生互动。

> 某校道德与法治教师在讲授《爱一生之父母》一课时，采用了分组合作法，让各学习小组的同学自己到网上收集资料，以不同的方式表现母爱或亲情。学生的表现让人喜出望外，他们展示的资料不但有文字、图片还有影像，方式更是多种多样，有唱歌、诗朗诵、讲故事、列数字，可谓有声有色、图文并茂，更重要的是感情真挚，情真意切。可以说展示的过程中师生都深受感动。学生们收集资料的过程对他们来说其实是一次最好的自我教育、实践教育。每名同学都会被他们费尽心机找到的资料所感动，自然而然地完成了课程的教学目标。

可见，教育就是唤醒学生的潜能，激发学生的正能量。通过精心的教学活动设计，积极传递正能量，把孩子培养成阳光的、积极的、进取的人；把孩子的上升空间打开、成长路径打通，让他们健康幸福地快乐成长；帮助孩子树立好目标、好理想，拥有好心态、好心情、好习惯，相信生活是美好的，前程是美好的。教师是人类灵魂的工程师，一定要努力做好传递正能量的使者。

二、涵养高尚人格

所谓教师人格，是指教师作为教育职业活动的主体，在其职业劳动过程中形成优良的情感意志、合理的智能结构、稳定的道德意识和个体内在的行动倾向性，教师人格包括教师的智慧、道德、情感、意志等品质，体现着教师个体的独特价值和教师的职业特点。

古人云："高山仰止，景行行止。"为人师表集中反映教师的"高尚人格"，是一种极为重要的教育因素。我们提倡教师职业道德建设，强化师德师风修养，重视的是为人师者自身形象的塑造，强调的是教师以高尚的思想品德，良好的职业道德，正确的世界观、价值观、人生观，坦荡的胸怀，高尚的言行等对学生进行"寓教于无形"的教育。

1. 做有渊博知识的教师

"师者，传道受业解惑也。"一个没有丰厚文化底蕴的教师，根本不可能给学生的生命铺上一层温暖的、纯净的底色。博学多才对一位教师来说是十分重要的。我们是直接面对学生的教育者，学生什么问题都会提出来，而且往往"打破砂锅问到底"。没有广博的知识，就不能很好地解学生之"惑"，传为人师之"道"。但知识绝不是处于静止的状态，它在不断地丰富和发展，每时每刻都在日新月异地发生着量和质的变化，特别是被称作"知识爆炸时代""数字时代""互联网时代"的今天。因而，我们这些为师者要让自己的知识处于不断更新的状态，跟上时代发展趋势，不断更新教育观念，改革教学内容和方法。否则，不去更新，不去充实，你那点知识就是一潭死水。

一位好教师的知识结构应当由三部分组成，即精深的专业知识、开阔的人文视野、深厚的文化底蕴。社会正在发生日新月异的变化，知识增长、更新的速度加快了，教师要适应这种变化，要不断学习、不断发展。

一要为"学生而读书",教师要通过阅读和学习把自己打造成一部让学生百读不厌的书;

二要为"教学而学习",教师通过学习,可以汲取教育教学工作的精神营养,并把这种精神营养转化为自己的工作能力和综合素质,充分提高教育教学效果;

三是为"自我而学习",它以丰富人性、充实文化底蕴和生活情趣、体验人生为目的。

这些学习有助于教师用更广阔的视野来思考和实践课程,用更为厚实的文化底蕴来支撑教育教学,用更完善的人格魅力去熏陶和感染学生。

2. 做有高尚人格的教师

现代社会,教师应具备的人格是:有理想、有抱负、面向未来;博学、笃志、勇创一流;自信、求异、立足创新;合作、宽容、充满爱心;诚恳、开朗、甘为人梯。

教师是知识的象征、道德的化身,"学高为师,身正为范"。在教育活动过程中,教师既要把丰富的科学文化知识传授给学生,又要用自己的高尚人格影响学生、感化学生,使学生的身心健康地成长发展。

教师职业的最大特点是培养、塑造新一代,自己的道德品质将直接影响下一代的成长,因而教师必须有高尚的思想境界,纯洁美好的心灵。所以,教师注定要守得住清贫,耐得住平凡,用尽心思去做学生心中的师者。选择做教师,就注定选择了付出、奉献和担当。教师的词典里最令人钦佩的字是承担,最美的教育,在承担的大地上星火燎原。

　　以德立身，以德立学，以德施教。学生接纳、喜爱某位教师，往往是从对这位教师的敬佩开始的，这种敬佩来自于教师的高尚人格。学生的眼睛是雪亮的，教师的言行举止无不在学生的视野之中，因此，教师要随时注意塑造好自己的形象。以高尚的人格使学生高尚，以渊博的知识使学生聪明，以自己健康的心理去塑造学生的心理健康。教师只有以自己完美的人格去塑造学生的人格，以身作则，为人师表，才是真正意义上的"学高为师，身正为范"，才能使受教育者"亲其师，信其道"，才能收到"不令而行"之效。

　　有人说："教师把学生造就成什么人，自己应该就是这种人。"教师的人格力量应是心灵美和仪表美的和谐统一。卢梭说："做老师的只要有一次向学生撒谎撒漏了底，就可能使他的全部教育成果从此为之毁灭。"因此，教师必须十分注意自身的修养，严格要求自己，把做人与育人统一起来，时时处处做学生的良好榜样，以高尚的道德情操，大方得体的仪表，稳重端庄的举止，亲切和蔼的态度，文明礼貌的语言和严谨持重的行为等，形成一种无声无形的教育动力，去感召学生，启迪学生，最终达到为人师表、教书育人的目的。

　　习近平总书记强调："育才造士，为国之本。"青少年阶段是人生的"拔节孕穗期"，最需要精心引导和栽培。教师要用好课堂讲坛，用好课堂阵地，用自己的行动倡导社会主义核心价值观，在教学内容上"扬正气"，在教学方法上"接地气"，在广大学生中"聚人气"，用自己的学识、阅历、经验点燃学生对真善美的向往，使学生核心素养润物细无声地浸润学生的心田，转化为他们的日常行为，引领学他们健康成长。

　　愿被称为"人类灵魂工程师"的所有教育者，都以热爱、尊重、理解去温暖人；以爱岗敬业、无私奉献的精神去感染人；以"以身作则、率先垂范、为人师表"去引导人；以高尚的师德去影响人；以渊博的知识去培育人。让我们辛勤耕耘，默默奉献，让美好的人生在新时代教育事业这面火红的旗帜下熠熠生辉。